# Fragments
# de sagesse

## Note sur l'auteur

Swami Shantanand Saraswati est né dans le nord de l'Inde en 1946. Il a obtenu une licence à l'université d'Allahabad, en Inde. Il est venu aux États-Unis en 1980.

Quand il était jeune, Shantanand était porté à méditer les mystères de la vie. Les vies de Bouddha, Jésus, Ramakrishna Paramahansa et Ramana Maharshi l'ont inspiré et son gourou, Vishnudevananda Saraswati, l'a profondément influencé.

Shantanand, conformément aux instructions de son maître spirituel, a vécu plusieurs années dans une grotte à pratiquer le Raja Yoga et la méditation. Dans cette grotte, il s'est rendu compte qu'il devait suivre et enseigner le Jnana Yoga, le chemin de la connaissance et de la compréhension. Ce chemin met l'accent sur l'investigation de soi et l'observation de soi. Il amène à comprendre l'esprit et enseigne comment transcender la dualité entre ce que l'on voit et le réel. Shantanand transpose l'antique sagesse du Vedânta en une psychologie moderne qui dépasse la religion, la tradition et les coutumes. Il dit: « Si vous savez que vous êtes vous, ce n'est pas à cause de votre corps, de vos pensées ou de vos sentiments en perpétuelle mutation, mais à cause de l'Essence Divine immuable en vous. »

Shantanand a fondé deux centres dans le nord de l'Inde et le Shanti Temple à New York. Il a écrit plusieurs livres, a prononcé des conférences dans les principales villes des États-Unis et a participé à de nombreuses émissions de radio et de télévision, en plus d'offrir un service-conseil privé et d'organiser des retraites.

Shantanand Saraswati

# Fragments de sagesse

**Méditations pour ceux
qui cherchent le bonheur
et la paix de l'esprit**

*traduit de l'anglais par*
Ivan Steenhout

**Données de catalogage avant publication (Canada)**

Shantanand Saraswati, Swami, 1946-

    Fragments de sagesse : méditations pour ceux qui cherchent le bonheur et la paix de l'esprit

    Traduction de : Pure wisdom.

    ISBN 2-920083-83-X

    1. Vie spirituelle. I. Titre

BL624.S47714 1994       291.4'4       C94-940692-9

Conception graphique
de la page couverture : Carl Lemyre

Infographie : Deval Studiolitho Inc.

Titre original : *Pure Wisdom*
             Allwon Publishing Co.

Copyright © 1992 Shantanand Saraswati

Copyright © 1994 Éditions du Roseau
             *pour la traduction française*

ISBN 2-920083-83-X

Dépôt légal : 2e trimestre 1994
             Bibliothèque nationale du Québec
             Bibliothèque nationale du Canada

Distribution : Diffusion Raffin
           7870, Fleuricourt
           St-Léonard (Québec)
           H1R 2L3

À tous ceux qui cherchent la Vérité et la Liberté

# SI VOUS POUVIEZ TOUT AVOIR...

Que demanderiez-vous à Dieu s'il se présentait à vous en personne et vous disait: «Qu'aimeriez-vous avoir?» Dieu dit: «Vous pouvez choisir une seule chose ou tout ce que vous voulez.» Mais il ajoute: «Il y a une condition. J'enlèverai une chose de votre vie, une seule. C'est le prix à payer. Que demandez-vous en échange de cette chose?» Dieu, bien sûr, est astucieux et il ne précise pas ce qu'il vous enlèvera.

Dieu dit ensuite: «J'exaucerai tous vos désirs. Je vous donnerai une excellente santé, beaucoup d'argent, les plus beaux jardins, les plus magnifiques palais, les meilleurs amants – mais je vous enlèverai votre capacité d'aimer.»

Seriez-vous d'accord de conclure un marché du genre?

Vous savez que sans la capacité d'éprouver de l'amour, vous n'êtes plus capable de rien apprécier. Vous êtes un extra-terrestre, incapable de communiquer. Peu importe ce que nous possédons ou ne possédons pas, la chose la plus importante dans la vie est la capacité d'éprouver de l'amour. Vous pensez peut-être que vous ne valez pas la peine d'être aimé ou que vous n'êtes pas capable d'exprimer l'amour, mais aussi longtemps que vous possédez cette capacité d'éprouver de l'amour, il n'est pas nécessaire de vous préoccuper de savoir si vous valez la peine d'être aimé. Savoir apprécier le simple don d'être capable d'amour suffit amplement.

# LE MYSTIQUE EN SOI

Que vous soyez aimé ou que vous exprimiez l'amour, il y a quelque chose de mystique à être conscient de ce don d'amour et à laisser la fleur de l'amour fleurir dans votre cœur. Vous éprouvez de l'amour pour les enfants, les fleurs, les oiseaux, l'océan et tout le reste. Célébrez cela. Admettez à quel point vous êtes privilégié de pouvoir éprouver ce type d'énergie, cette interconnexion, cette unité. Acceptez ce don en vous sans vous demander s'il est suffisant ou non, pur ou impur. Ce don d'amour est une bénédiction. Il devient une expérience mystique. Vous êtes non seulement vivant, mais vous éprouvez l'amour. Vous ignorez ce que vous avez fait pour ressentir cet amour, pour le mériter: c'est un don. Les desseins de la vie vous en ont gratifié. Soyez reconnaissant.

Laissez votre esprit se saturer de la gratitude de votre cœur. Vous vous rendez compte alors que cet amour devient de plus en plus intense, de plus en plus impérieux. Il devient tellement intense et impérieux que vous réalisez que votre identité séparée, fondée sur l'ego, se perd dans cette fontaine d'amour, ce jaillissement de gratitude, doucement, petit à petit, comme un cube de sucre qui se dissout dans l'eau. Votre esprit se fond, et plus vous en êtes conscient, plus votre gratitude et votre conscience aident votre esprit à se fondre.

Ce sont vos pensées concernant le passé et l'avenir qui vous amènent à vous sentir fragmenté. Toutes les disciplines spirituelles visent à vous donner l'expérience du Tout et à vous montrer comment participer de ce Tout. Plus vous devenez le Tout vous-même, plus vous appréciez le Tout et plus vous commencez à vous fondre dans ce Tout. En bout de ligne, vous vous rendez compte que vous n'avez jamais été rien d'autre que ce Tout. Quand l'un de nous se rend compte qu'il n'est rien que le Tout, alors nous disons de cette personne qu'elle est extraordinaire, que c'est quelqu'un de mystique. Un mystique sommeille en chacun de nous. Il vous est possible de le savoir en sachant que vous possédez ce don, cette capacité d'aimer. Il n'y a rien à faire ; l'amour est là, simplement. Quand vous en êtes conscient et que vous l'appréciez, il fleurit et fait exploser ce qui le contient. Quand ce qui le contient explose, ce n'est plus vous qui êtes là ; il n'y a plus que l'amour.

# CESSEZ DE JUGER
# LE FLUX DE LA VIE

C'est à cause de malentendus que vous êtes cruel envers vous-même plus qu'envers les autres. Si vous étiez cruel uniquement envers les autres, cela ferait moins mal, mais c'est parce que vous êtes d'abord cruel envers vous-même que vous devenez cruel envers les autres. Vous devenez cruel parce que vous jugez à l'excès le flux de la vie qui s'exprime à travers vous et à travers les autres. Si vous ne vous aimez pas vous-même, comment pouvez-vous aimer personne d'autre? Comment pouvez-vous même aimer Dieu?

Si vous pouviez vous aimer vous-même, alors où que vous iriez vous trouveriez d'autres personnes qui vous aiment, et vous commenceriez à les aimer. Si vous ne vous aimez pas, vous projetez que les autres ne vous aiment pas. Alors vous leur en voulez. S'ils ne vous aiment pas, comment serez-vous capable de les aimer? Vous ne parvenez pas à prendre conscience que c'est vous qui les inspirez à vous aimer ou à ne pas vous aimer. Ils se conforment simplement à vos suggestions.

Comment s'aimer soi-même? On parvient à s'aimer soi-même en menant une vie simple, réglée, basée sur le bon sens. Vous pouvez vous aimer en vous rappelant votre point focal, le symbole de votre être Divin. Vous pouvez vous aimer en prenant bien soin de votre santé et de votre créativité. Quand vous vous aimez vraiment et quand vous vous acceptez, alors vous vous transcendez automatiquement vous-même. Quand vous vous transcendez, vous vous perdez vous-même – mais en réalité vous ne perdez rien : vous devenez le vaste Moi. Dans ce Moi, personne n'est séparé de vous. Vous n'avez besoin de l'amour ni de la reconnaissance de personne ; tout est en vous. Est-ce la faute de quelqu'un d'autre si vous vous mordez la langue ? Vos dents et votre langue ne sont pas séparés de vous. Comment atteindre cette attitude mystique qui se cache à l'intérieur de nous ?

Il existe, dans notre mythologie hindoue, une belle histoire sur notre création. Dieu, par nature, s'adonnait à la méditation et vivait dans la béatitude. Un jour, au lieu de simplement trouver la béatitude dans la méditation, Il se sentit une envie de jouer. Dans ce ludisme, Il visualisa : « J'ai envie de devenir multiple et de m'apprécier moi-même dans de nombreux et pittoresques noms et formes. » D'après cette histoire, ce fantasme Divin nous a tous amenés à *être*. Comme nous sommes l'expression Divine et comme nous sommes venus à l'existence à cause de ce ludisme Divin, nous ne pouvons pas nous satisfaire simplement de méditation et de béatitude. Quelque chose en nous aspire à jouer, à être aimant et amical. Si nous avons foi en Dieu et en Son ludisme, nous devons exprimer cet aspect de notre être ; et plus nous exprimons cet aspect de notre être, plus nous sommes loyaux envers Dieu et plus nous éprouvons, face à tous ceux qui entrent dans notre vie, le sentiment du Tout, de l'amour et de l'unité.

# TROUVER DES MANIÈRES D'AIMER

Je trouve que certaines personnes sont très centrées sur elles-mêmes. Elles n'en sont pas moins bonnes mais elles veulent qu'on les laisse tranquilles. Quand je vais me promener, je trouve rarement quelqu'un qui se promène ; celui qui se promène, se promène seul, rarement avec son épouse ou avec un ami ; et s'il se promène avec son épouse ou son ami, il n'a pas envie de converser avec un étranger.

Ne pas vivre dans l'abondance a quelque chose de bon et de grand – on apprend à dépendre des autres. On apprend à s'en remettre humblement aux autres. « Voudriez-vous me faire une faveur ? Sinon, je ne m'en sors pas. » Comme cela vous est arrivé à vous aussi parfois, vous comprenez, vous savez qu'ainsi va la vie, alors vous tendez la main sans égoïsme. Dans ce genre d'interaction, vous apprenez à être aimable, et vous développez involontairement un sentiment d'amitié.

En Occident, tout est tellement formel. Quand on assiste à une conférence, on paie un droit d'entrée ; quand on consulte, on paie des honoraires. Ce sont toujours des relations d'affaires. Les affaires sont les affaires ; elles ne sont pas l'amour ni l'amitié. Vous pouvez sembler interagir avec des centaines de personnes dans votre entreprise, mais en vérité vous n'interagissez avec personne.

# CRÉER UN ESPACE D'AMOUR

Si vous en avez les moyens, dépensez chaque mois vingt dollars juste pour inviter des amis. Et, je vous en prie, ne les invitez pas au restaurant. Invitez-les chez vous et tâchez de faire vous-même la cuisine. Ne vous inquiétez pas de savoir si les autres aimeront ou non ce que vous préparez ; là n'est pas la question. Laissez-leur sentir que vous appréciez leur compagnie, leur solidarité, leur bonne humeur. Vous commencerez à sentir que vous êtes formidable. C'est un sentiment qui tout simplement arrive. La logique est incapable de l'expliquer. Tomber amoureux de quelqu'un est une expérience. De la même façon, quand vous ouvrez amicalement votre cœur et que vous vous faites vraiment des amis, la vie devient plus agréable.

Je me sens privilégié d'avoir tant d'amis dans tout le pays, mais j'ai l'impression de n'en avoir pas encore assez. C'est magnifique d'être mystique, de transcender les limitations physiques du corps, de transcender l'esprit et les sensations, mais il y a également quelque chose de magnifique à aimer quelqu'un. Pour expérimenter l'amour, il faut créer un espace d'amour, et créer cet espace d'amour signifie inviter certaines personnes dans son cœur et dans sa maison. Au début, toutes seront des étrangères ; ne pensez donc pas qu'il faille commencer par vos amis. Vous pouvez commencer par des étrangers ou de simples connaissances. Ils deviendront des amis.

17

La plupart du temps, on se soucie trop de confort et d'argent, mais quand on aime réellement quelqu'un cela devient égal de partager ce confort et cet argent pour que l'autre se sente bien. Ce pourrait être votre enfant, votre mère, votre père, votre frère, votre sœur, votre amoureux, n'importe qui. Même si vous perdez du temps, de l'argent et un certain confort, pourquoi n'avez-vous pas *le sentiment* d'être perdant ? Parce que vous vous rendez compte que vous tirez plus de joie à faire en sorte que l'autre se sente bien plutôt qu'à disposer de n'importe quelle quantité de temps, d'argent ou de confort.

# INVESTIR DANS L'AMOUR

Comment développe-t-on cette sorte d'amour? On commence par s'intéresser et par partager quelque chose que l'on possède dans sa vie. Si vous investissez du temps, de l'énergie et de l'argent pour quelqu'un, quelque chose vous amène à vous sentir émotivement impliqué. Vous ne pouvez rester distant, vous éprouvez de l'amour pour cette personne. Si vous investissez du temps, de l'énergie et de l'argent dans une organisation, l'évolution de cette organisation ne peut vous laisser indifférent.

Vous vous sentez devenir émotivement impliqué. Pourquoi n'investissons-nous pas plus? Parce que nous ne savons pas si notre investissement nous rapportera de bons dividendes. Nous ne voulons pas planter de semences parce que nous risquons de perdre les semences et de ne jamais voir les plants. Alors, nous nous accrochons à ce que nos sacrifices nous ont permis de gagner.

Quand j'étais enfant, j'ai entendu raconter l'histoire d'un sage. Une bataille faisait rage entre les démons et les dieux, et les dieux perdaient. Indra, le roi des dieux, apprit qu'il pourrait tuer ses ennemis s'il fabriquait une arme spéciale avec les os d'un saint homme, Dadhichi.

Indra s'étonna: « Quel homme est assez saint pour être disposé à renoncer à son corps afin d'assurer notre sécurité et notre victoire? » Il se rendit chez Dadhichi et le sage lui dit: « Mon vieux corps ne pourrait trouver meilleur usage.

J'ai suffisamment vécu. Il est temps pour moi de partir et je me demandais à quoi mon corps pouvait servir. » Il ferma doucement les yeux, entra dans sa dernière extase et mourut. Les dieux fabriquèrent l'arme avec ses os et vainquirent les démons.

Même si je ne pense pas que vous et moi atteignions une telle élévation au cours de cette vie-ci, il est inspirant de se rappeler l'idéal. On se sent énergisé de vivre sa vie avec cet objectif de dévouement et de célébration. Quoi qu'on aime dans la vie, ce n'est pas à cause de sa santé, de son argent ou de nulle autre « chose ». C'est parce qu'on possède ce don d'amour. Accroissez ce don d'amour: soyez plus gentil, plus tendre, plus aimant, plus amical, plus joyeux. Quand vous agissez de façon à ce que les autres se sentent aimés, vous vous sentez automatiquement gratifié; vous vous rendez compte que le plus grand miracle de la vie est d'être heureux en rendant quelqu'un d'autre heureux. Peut-être cherchez-vous les miracles en explorant votre kundalini, vos chakras, vos visions. Ils y sont, mais ils sont secondaires. Pour expérimenter la vraie saveur de la vie, le nectar de la vie, soyez heureux en rendant quelqu'un d'autre heureux.

Une de mes meilleures expériences, je l'ai eue avec un chien qui vivait avec moi il y a quelques années. Je suis très paresseux de nature. Si je déteste quelque chose chez moi, c'est bien ma paresse. Quand je caressais le chien, il agitait la queue. Si je le flattais un peu plus, il se couchait et se roulait sur le dos comme pour m'en demander encore, et je finissais par lui faire un massage d'amour pendant cinq minutes. Comment quelqu'un d'aussi paresseux que moi pouvait-il se convaincre de faire un massage – et surtout à un chien? Parce que l'animal qui le recevait savait comment recevoir! La beauté n'était pas dans mon don; elle était dans sa façon de recevoir. J'avais l'habitude de le masser presque chaque jour parce que je me sentais alors rempli de tellement de compassion, d'amour et de joie qu'il m'était impossible de ne pas le faire. Le chien avait le tour : il savait comment recevoir.

Quand nous nous ouvrons nous-mêmes avec tendresse, gentillesse et humilité, nous aidons les autres à s'ouvrir à la même longueur d'onde, au même rapport, à la même sensibilité. Alors, c'est le bonheur. Il n'y a pas de joie plus grande que d'aimer quelqu'un, que de voir Dieu en quelqu'un. Quelle expérience impressionnante !

Mais il faut commencer quelque part.

# QUE CONTIENT LE PANIER?

Visualisez un tout petit enfant, doux et mignon. Rendez-vous compte à présent que l'enfant de cette visualisation pourrait être n'importe lequel d'entre nous. Il est possible qu'aux yeux des autres nous ne soyons ni doux ni mignons, mais nous sommes tous très doux et très mignons aux yeux de notre Créateur parce que nous sommes Ses enfants et, aux yeux de leurs parents, les enfants sont toujours doux et mignons.

Imaginez une enfant qui se promène dans un beau jardin avec à la main un minuscule et beau panier. Pouvez-vous l'imaginer? Dans cet immense jardin, elle ne cueille qu'une seule fleur et place la fleur dans le panier. Elle est transportée de joie. Elle sait que son panier ne peut pas contenir plus qu'une fleur, alors elle est contente.

Maintenant, c'est vous qui possédez un minuscule et joli panier. Quel est ce panier? Le panier est l'instant présent. Vous transportez cet instant avec vous. Il ne peut contenir qu'une seule et unique fleur, une seule et unique pensée, rien qu'une à la fois. Je n'ai jamais rencontré personne capable de penser, dans le même instant, à plus d'une pensée. Voici donc votre panier de l'instant, et voici la douce fleur de votre pensée ou de ce que vous ressentez. Est-ce lourd? Le problème survient quand vous avez l'impression de devoir entasser *toutes* les fleurs du monde, *toutes* les pensées, *tous* les rêves dans votre minuscule panier de l'instant. C'est très libérateur de savoir que vous n'avez à transporter qu'une seule et douce fleur, puisque votre panier ne peut en contenir plus qu'une à la fois.

Votre sagesse spirituelle commence lorsque vous prenez conscience de cette fleur dans votre panier de l'instant. Vous avez le choix de considérer qu'il s'agit d'une énorme responsabilité, ou bien que c'est très facile et amusant.

Voyez ce qui se produit dans votre vie. Vous transportez votre panier, mais vous n'êtes conscient ni de votre panier ni de la fleur dans votre panier. Aussi, vous vivez dans une douce apathie. Vous êtes ici, là, partout, sans savoir où vous êtes ni ce que contient votre panier / votre instant. Ou bien vous vivez dans l'apathie, ou bien vous luttez contre vous-même, en essayant d'entasser dans le panier le plus possible de fleurs du passé et de l'avenir. Quand vous vous rendez compte de la vanité de cet effort, vous vous libérez. Dieu nous a donné à chacun la faculté de ne manipuler avec amour et sagesse qu'une seule fleur à la fois, une seule pensée, un seul sentiment. Quand nous prenons conscience de nos pensées instant après instant, elles ne nous tracassent pas. Il pourrait arriver que vous vous rendiez compte que vous ne transportez aucune fleur dans le panier. Le panier est vide. Si vous êtes capable de prendre conscience de ce vide, vous expérimenterez dans cet instant-là un sentiment unique de liberté. Une fois que vous expérimentez la liberté, cette liberté irradie de vous où que vous alliez. Ce que vous êtes irradie toujours de vous, que vous le vouliez ou non.

Quelle est cette fleur, cette pensée, cette sensation ? Concentrez-y votre énergie, votre esprit. Supposons que vous ne vous sentiez pas très bien, vous êtes jaloux, fâché ou peu sûr de vous. Soyez-en conscient, ressentez-le, et voyez ce que vous pouvez faire. Si vous pouvez faire quelque chose, faites-le, et vous vous sentirez heureux.

Supposez qu'il y ait un cadavre de souris dans la pièce où vous vous trouvez. Elle sent mauvais. Il faut donc vous lever de votre chaise et aller jeter la souris. La jeter vous lève le cœur, mais vous vous sentez très bien de n'être pas simplement resté assis à prier : « Mon Dieu, je vous en prie, occupez-vous de ce problème et transportez cette souris au ciel. » Vous n'êtes pas paresseux, vous ne demandez pas à quelqu'un d'autre d'agir. C'est à vous de le faire. Votre méditation n'est pas encore assez puissante pour parvenir à faire disparaître la souris.

# AGISSEZ
## OU ÉPROUVEZ PLEINEMENT
## CE QUE VOUS RESSENTEZ

Agissez ou éprouvez ce que vous ressentez et laissez ce que vous ressentez saturer votre être. Ce que vous ressentez ne vous tuera pas. C'est vous qui le consumez. Vous possédez en vous un tel pouvoir Divin de paix, d'amour, de sagesse et de conscience qu'aucun péché du monde ne peut ternir la Divinité en vous. Les nuages couvrent parfois le ciel, mais ils n'en dérobent jamais le bleu. Les nuages apparaissent et disparaissent.

Si vous vous sentez jaloux, fâché, peu sûr de vous, rappelez-vous votre point focal, votre symbole Divin, et ainsi c'est à travers votre point focal que vous expérimenterez vos émotions. À votre grande surprise, vous vous rendrez compte que ce minuscule point focal est assez puissant pour brûler toutes les impuretés et tous les sentiments négatifs.

Agissez ou acceptez totalement. La plus grande faille que vous créez dans votre psyché, celle qui vous empêche d'apprécier la fleur dans l'instant, c'est de vous apprécier rarement vous-même pour ce que vous faites ou pouvez faire. Vous pensez toujours que vous auriez pu ou dû faire mieux : « Oh, je suis correct, mais... » Il vous faut effacer ce « mais ». Il faut vous rendre compte : « Je suis excellent ici et maintenant. » Si vous ne développez pas la confiance, il vous est impossible d'être réellement heureux, il vous est impossible de ressentir le Tout. Vous pensez que pour expérimenter la béatitude, vous devez fréquenter un temple, un professeur, lire certains livres. La béatitude est déjà en vous. Si quelqu'un vous réveille pendant un cauchemar, vous vous sentez sauvé, vous vous sentez reconnaissant, mais vous n'avez jamais été en péril et vous ne le saviez pas.

Quand nous voyons la vie dans cette perspective, nous voyons qu'elle est là, juste pour le jeu. Dieu s'est amusé dans la béatitude de Sa méditation. S'Il s'est montré fantaisiste, c'est afin que nous puissions apprendre à avoir plus envie de jouer. Je ne sais vraiment pas pourquoi certaines personnes sont si graves et se prennent tellement au sérieux. Qu'y a-t-il de tellement sérieux ? Soyons plus ludiques, plus aimants et plus reconnaissants.

# La gratitude

Un jour, en Inde, je mendiais de porte en porte. J'avais fait le vœu de ne pas manipuler d'argent et de ne pas acheter de nourriture. Même si l'Inde est un pays très bon, accueillant, c'est parfois dur là-bas aussi. Un jour, personne ne me donna rien à manger. J'avais l'impression de mourir de faim. Je reçus finalement un peu de nourriture et réalisai tout de suite que cette nourriture n'était pas fraîche. Je remerciai Dieu du fond du cœur parce que j'étais sur le point de mourir de faim. Je mangeai avec reconnaissance. Plus tard, il m'apparut que si cette même nourriture m'avait été donnée par ma sœur, je l'aurais jetée et je me serais fâché contre elle. Je me rendis compte que ce n'est pas un acte ou un objet particulier qui nous rend amer ou reconnaissant mais l'attitude que l'on a vis-à-vis de cet acte ou de cet objet. Quand on n'a pas le sens de ce qui est « juste » et quand on n'a pas d'attentes, le cœur est rempli de gratitude. Si je suis désintéressé et s'il arrive que vous me souriez une fois, cela suffit amplement pour que je vous sois reconnaissant tout le reste de la vie. Mais si je suis égoïste et que vous me donnez un million de dollars, il se pourrait que je me sente amer de n'avoir pas reçu plus.

Un jour, Bouddha demanda à un de ses disciples qui s'apprêtait à aller prêcher dans le monde: « Si les autres te ridiculisent, comment réagiras-tu ? »

Le disciple dit: « Je leur serai reconnaissant d'être assez bons de se contenter de me ridiculiser et de ne pas me lancer de pierres. »

Alors Bouddha demanda: « S'ils commencent à te lancer des pierres? »

Le disciple répondit: « Je me sentirai aimé et accepté parce qu'au moins ils ne me battront pas. »

Alors Bouddha demanda: « Si quelqu'un se met à te battre, comment te sentiras-tu? » Le disciple répondit: « Je me sentirai toujours reconnaissant parce qu'au moins ils ne me tueront pas. » Alors Bouddha demanda: « Si l'un d'eux décide de te tuer? » Le disciple dit: « Je me mettrai en harmonie avec ma lumière intérieure, que tu as allumée, et je me rappellerai que tu m'as appris que le Plan Cosmique me libère de ces vêtements de chair et me bénit du *nirvana*. »

# LE PARDON

Pour pardonner aux autres, il faut savoir comment se pardonner à soi-même. Pour se pardonner à soi-même, il faut connaître le spectre entier de ce qui nous fait faire ce que nous faisons. Ne soyez pas trop sévère envers vous ni trop enclin à vous juger. Dans le Plan Divin, nous sommes comme des marionnettes. Quand nous réalisons que c'est le flux de la vie, et lui seul, qui se manifeste à travers nous, nous en venons à nous accepter totalement nous-mêmes et les autres. Quand vous vous souciez de savoir ce qui se passe dans la vie de quelqu'un, vous vous rendez compte qu'un flot d'amour déferle automatiquement vers cette autre personne.

# L'ATTITUDE
## ET LA QUALITÉ DE VIE

Plus nous comprenons l'importance de l'attitude, plus nous comprenons à quel point l'attitude détermine la qualité de vie. Quand nous avons une attitude de perdant, la vie nous est désagréable; mais quand nous acceptons d'être perdants, au sens où l'entendait Jésus – «À moins de vous perdre vous-même, vous ne trouverez pas votre Moi» –, nos sentiments changent, et perdre devient une grande réussite. «Vous-même» signifie l'ego et l'esprit de désir. «Votre Moi» signifie le Moi universel qui est l'arrière-plan de l'esprit individuel ou de l'ego.

Si nous examinons ce qui se passe au fond de nous, cet esprit – ou cet ego – lutte pour atteindre une plénitude et une abondance qui se trouvent par-delà nos frontières humaines. Peu importe à quel point l'ego s'acharne et peu importe ce qu'il réussit, s'il reste limité et séparé des autres êtres, il n'aura jamais la satisfaction de la plénitude. Toutes nos réussites tendent en bout de ligne à ce que nous nous perdions nous-mêmes.

# Donner et recevoir

Votre attitude hésite entre donner et recevoir. Vous ne savez pas avec précision quelle attitude il vaut mieux développer. Votre ego se sent bien d'être quelqu'un qui donne, qui distribue des cadeaux, des compliments, du temps, de l'énergie, de l'argent. Vous contrôlez mieux les choses, vous avez bonne opinion de vous, vous n'êtes pas dépendant, vous rendez les autres heureux et bien dans leur peau. Mais comme vous donnez, vous avez l'impression que vous risquez de perdre quelque chose et vous ne voulez pas perdre. Vous ne savez pas comment donner sans perdre, alors vous ne donnez jamais vraiment de bon cœur. Vous vous retenez parce que vous ne voulez pas devenir une poire.

Quand vous avez l'attitude de celui qui reçoit, vous expérimentez une certaine solitude ; vous vous sentez inférieur et n'avez pas tout à fait confiance en vous. Vous avez le sentiment que les autres vous rabaissent et vous ne vous aimez pas d'être du côté de ceux qui reçoivent. Recevoir n'envoie pas un bon feed-back à votre ego. Aussi à Noël vous aimez donner et recevoir – partager.

31

# L'ATTITUDE
## DU PARTAGE DÉSINTÉRESSÉ

On se sent mieux à partager qu'à donner ou recevoir. Mais il existe une perspective plus haute. Si nous creusons la question, nous nous rendons compte que partager dénote encore une dualité, une séparation, des frontières. L'authentique joie de vivre vient d'une attitude d'unité et d'interdépendance. Alors, nous sommes capables de partager sans éprouver de sentiment de fierté quand nous donnons ou de sentiment de perte quand nous recevons. Partager devient naturel. Ma main porte la nourriture à la bouche, et il existe un sentiment d'unité et d'interdépendance. Ma main ne se sent pas supérieure et ma bouche ne se sent pas inférieure. Elles appartiennent à la même unité corporelle. Que nous partagions en donnant ou en recevant, seul le partage désintéressé nous permet d'atteindre cette dimension supérieure d'unité et d'interdépendance. Tant que nous n'aurons pas atteint ce niveau de conscience, nous nous sentirons toujours soit un peu supérieur soit un peu inférieur, et nous devons l'accepter.

Si notre attitude est négative face à un problème, nous le traitons comme s'il s'agissait d'un gros problème et nous nous faisons du souci pour savoir comment nous en sortir. Si notre attitude face à un problème est saine et franche, le problème devient un doux défi qui mobilise notre énergie et nous rappelle à nous-même notre potentiel fondamental. Le problème nous transporte dans un espace créatif et dynamique, nous secoue de notre léthargie et de notre paresse et nous met en prise avec notre potentiel Divin. Quand nous sommes ouverts et disposés à avoir un problème, notre attitude vis-à-vis du problème change. Avec une telle attitude, aucun problème n'est plus un problème.

# L'ACCEPTATION

L a première attitude est l'acceptation.

Si vous n'aviez pas eu de problèmes, auriez-vous appris ce que vous avez appris ? La conduite automobile, le travail à l'ordinateur, l'existence de la télévision ou n'importe quelle autre invention humaine, d'une certaine façon, toutes résultent du fait que quelqu'un a fait face à un problème avec une attitude saine. Quelqu'un a fait face au problème et, ce faisant, a amélioré la qualité de vie. Quand un problème nous bloque, nous n'apprécions pas le flux de la vie. Notre première attitude devrait donc consister à éviter de considérer le problème comme un problème, sans nier cependant qu'il s'agit d'un problème.

Vous devez aller aux toilettes tous les jours ; vous devez vous brosser les dents ; vous devez vous couper les cheveux. Ce ne sont pas là de gros problèmes. Vous êtes capable de les accepter et de vous en accommoder ; ils sont devenus normaux dans le flux de la vie. Quand vous êtes plus évolué, plus détaché et objectif, vous vous rendez compte que chaque problème n'est qu'une simple situation de vie qui demande votre attention et votre action. Quand vous considérez qu'un problème n'est qu'une situation de vie, votre cœur se remplit de courage et d'ardeur.

Si vous tentez de réassembler les morceaux d'un casse-tête, vous ne maudissez pas le créateur du casse-tête. Vous aimez faire le casse-tête parce que vous êtes détaché. Vous savez qu'il importe peu que vous soyez capable ou non de le réussir. Quand vous avez l'impression de devoir trouver une solution et de devoir résoudre les choses, votre ego intervient dans le tableau. Soyez ouvert, plutôt : «Si je réussis, parfait; si je ne réussis pas, parfait. Voici quelque chose qui lance un défi à ma tête et à mon cœur; voici quelque chose qui lance un défi à mon dynamisme et à mon énergie.» Tout cela est question d'attitude. Si vous apprenez à traiter un problème d'une façon saine, vous en serez récompensé tout au long de votre vie.

# LES PROBLÈMES
## SONT DES OCCASIONS
### DE CROISSANCE

La vie continue de bouger et de se déployer. Personne ne peut l'immobiliser. Si la vie était immobile, il n'y aurait pas de plaisir, pas de joie, pas de croissance, pas de célébration. Si vous immobilisez le cours d'une rivière et qu'elle cesse de couler naturellement, ce n'est plus une rivière – juste une masse d'eau stagnante. Chaque instant de la vie est unique et nouveau. Nous ignorons ce qui va se passer. Dès lors, il faut, comme un grand amoureux, comme un ami, rester ouvert à chaque instant nouveau.

Si vous avez été élevé dans la foi de Dieu, tirez parti de cette foi. Ayez conscience que vous avez été placé dans une situation de vie particulière avec votre mère ou votre père Divin pour apprendre une leçon particulière, et avancer dans le déploiement de votre conscience. Dieu ne se préoccupe pas que vous viviez des expériences agréables et inutiles. Dieu se préoccupe de votre croissance ; il n'y a donc en réalité pas de problème ; le soi-disant problème n'est qu'un tremplin.

Quand vous accouchez, vous vivez un temps de douleur. Vous ne pouvez pas nier la douleur, mais vous avez confiance : au bout de cette douleur vous donnerez naissance à un enfant merveilleux, une fleur vivante qui renforcera la gloire de votre féminité et vous fera mère. C'est fantastique d'être mère. Sans les mères, nous ne serions pas ici. Comme votre attitude est positive, vous êtes disposée à vivre cette douleur et vous l'acceptez avec amour et avec joie.

Si vous êtes capable de passer de bonne grâce à travers la douleur la plus pénible, vous êtes capable de venir à bout de toute situation de vie. Il y a de la gloire dans la douleur, mais notre attitude négative nous empêche d'en voir la beauté. Avec la foi, l'attitude devient une attitude d'abandon et d'acceptation et le problème une occasion de croissance. Nous nous abandonnons nous-mêmes et nous abandonnons nos problèmes aux pieds du Seigneur et le laissons nous inspirer pour régler le problème sans lutter ni résister. Vous savez que le problème sert à votre croissance, et même si vous traversez la douleur, votre attitude est positive. Plus vous développez cette attitude de confiance envers vous-même et envers votre capacité de venir à bout de toute situation de vie, plus vous conservez une attitude positive de sérénité. En gardant une attitude d'abandon, vous êtes capable de régler les problèmes de manière positive et détachée.

# LA VIGILANCE

La deuxième attitude est la vigilance.

Supposez que vous ne vous sentiez pas disposé à avoir confiance en la Providence Cosmique ou en Dieu. Que pouvez-vous faire ? Adoptez une attitude de vigilance et observez simplement le problème. Voyez, de façon objective, à quel point la douleur, née du problème, vous accable. L'esprit, d'habitude, au lieu de passer à travers la douleur d'un problème, essaie de l'ignorer, de nier ou de lutter contre le problème pour en sortir. Admettez-le plutôt, affrontez-le et vainquez-le. Quand vous admettez et acceptez un problème, vous êtes beaucoup plus puissant que tous les problèmes qui pourraient vous arriver. Tous les problèmes naissent en vous et disparaissent en vous. Ils peuvent vous sembler accablants au début, mais si vous ne perdez ni votre patience ni votre équilibre et si vous acceptez la tempête qu'ils déclenchent, vous vous rendrez compte que même s'ils vous accablent, ils ne peuvent pas durer.

Il est possible, pendant que vous vivez un problème, que vous ayez envie de prendre un verre, de regarder la télévision, de faire l'amour ou de jouer avec votre chien ou votre chat. Laissez-vous aller en toute objectivité. Si c'est le cas, demandez-vous : « En ce moment précis, suis-je vraiment en train de ressentir la douleur du problème, ou suis-je en train de ressentir le plaisir de cette diversion ? » Si vous vous laissez divertir, votre douleur en sera un peu soulagée.

L'esprit a développé l'attitude : « La vie est un problème ; je passe à travers de dures épreuves. » Qui passe à travers de dures épreuves ? En étant plus conscient de l'Essence qui est le substrat de toutes les expériences humaines, vous vous rendrez compte qu'il n'y a aucune différence à ce que vous traversiez l'enfer ou le paradis. Le fait est que nous vivons tous des expériences agréables et désagréables.

Tout ce que notre attitude énergise devient accablant. Nous savons que Gandhi a été assassiné ; Mère Teresa ne s'amuse pas tous les jours devant sa télévision et n'a pas eu de lifting, mais elle ne se sent pas malheureuse. Elle est tellement douce, tellement humble et contente, pareille à une enfant. Même quand Jésus était crucifié, il a gardé son attitude d'unicité : « Pardonnez-leur, Père, car ils ne savent ce qu'ils font. » À un certain niveau de conscience, on développe une attitude d'acceptation et d'ouverture, mais uniquement quand on cesse de nier ses problèmes et qu'on les affronte.

Un problème n'est qu'une simple pensée. Plus vous vous demandez : « Ai-je ou non un problème ? », plus vous vous rendez compte : « Pour le moment, en cet instant précis, je n'ai pas de problème. » Plus vous prenez conscience de ces moments où vous n'avez pas de problème, plus vous développez une attitude positive et réalisez que la vie n'est qu'un flux de conscience, une expression de célébration Divine. Être prêt à une plus haute compréhension et à une plus haute sagesse, voilà la plus grande transformation que vous puissiez vivre.

# La décision

La troisième attitude est la décision.

Quoi que vous décidiez, votre esprit n'est jamais absolument convaincu que vous avez pris la bonne décision. L'esprit, par nature, doute et est indécis. Quoi que vous décidiez, votre esprit posera la question: «Ai-je pris la bonne décision?» Voilà ce qui nous inspire à aller par-delà l'esprit. Si nous pouvions atteindre l'absolue certitude de l'esprit, nous n'aspirerions jamais à atteindre l'état de non-mental ou de Conscience Divine. Il nous faut accepter, tant que nous fonctionnons avec l'esprit, la nature hésitante de l'esprit.

Décidez ce que vous devez faire pour régler un problème, puis passez à l'action, mais soyez assuré que votre esprit continuera de soulever des questions et d'émettre des doutes. N'y prêtez aucune attention. Une fois que vous avez décidé, dites à votre esprit: «Tais-toi!» Autrement, vous continuerez de changer d'idée. Avant d'aller au bureau, vous avez peut-être le problème de décider quoi mettre. Si vous restez indécis, vous ne sortirez jamais de chez vous.

# AYEZ LE CRAN
## DE COMMETTRE DES ERREURS

Même mourir n'est pas un problème. Quelle différence si je meurs demain ou dans cent ans? Si je meurs demain, il me reste au moins huit ou dix heures. Si je meurs dans cent ans, il m'en reste peut-être huit millions. La question n'est pas de savoir quand je mourrai mais comment je vivrai et tirerai plaisir de ces huit ou de ces huit millions d'heures. Si je sais me perdre moi-même dans la célébration de huit heures, vais-je me préoccuper du temps qu'il me reste à vivre? Si je suis incapable de me perdre, même dans huit millions d'heures, que m'apporte la vie? Si je n'en tire rien, même cent ans est un supplice, et la vie est un problème: «Je dois élever mon enfant, je dois payer mes factures, la voiture est toujours en panne, je n'ai rien à me mettre.» Avoir un problème n'est qu'une question d'attitude. Dès lors, disposez des situations avec une attitude ferme, décidée. Pesez le pour et le contre, soupesez les choses – puis décidez, en ayant assez de cran pour commettre des erreurs.

Plus vous aurez le cran de commettre des erreurs, plus vous irez de l'avant dans le cours de la vie. Si vous avez à prendre dix décisions et que vous commettez trois erreurs, vous avez au moins fait sept pas dans la bonne direction. Si vous êtes incapable de décider, vous restez bloqué. Soyez décidé, ayez du cran, soyez courageux. Ayez de bonnes intentions et n'ayez pas peur: quand vous avez pris votre décision, célébrez le fait de faire de votre mieux. Quand vous prenez la meilleure décision possible et l'appliquez comme si c'était un lourd fardeau, vous ne tirez pas plaisir de la vie. Même dans les pires situations, il nous est toujours possible de célébrer parce que nous faisons de notre mieux. Deux personnes, aux prises avec une même expérience de vie, peuvent à cause de leur attitude la vivre différemment, et nous pouvons toujours trouver quelque chose de bon dans ce que les autres considèrent mauvais.

Deux prisonniers regardaient à travers les barreaux d'une prison.

L'un voyait la boue, l'autre les étoiles.

Si je me bats contre quelqu'un, je me persuade de voir la boue; je ne vois pas les étoiles. Pourquoi mettre son énergie sur la boue? Il nous faut nous entraîner graduellement à nous servir de cette boue pour fabriquer des briques de courage et de compassion.

# AFFRONTER UN PROBLÈME

Il n'y a que trois façons d'affronter un problème : le vivre avec impuissance, le vivre de façon compulsive ou bien le vivre de plein gré.

Vous affrontez un problème de plein gré quand vous vous en occupez consciemment et sans hésiter. Vous célébrez. Vous y faites face avec impuissance quand vous admettez qu'aucune autre ligne de conduite n'est possible. Même si vous subissez la torture, acceptez-la et voyez ce que vous pouvez en faire. Rappelez-vous que même dans la pire des situations, vous pouvez célébrer le fait de faire de votre mieux. Cette attitude-là est votre bonne volonté.

Si vous êtes compulsif, prenez-vous en flagrant délit de temps en temps. Quand vous vous surprenez à faire quelque chose que vous ne voulez pas ou ne devriez pas faire, vous résolvez en partie le problème. Votre prise de conscience, votre marche arrière, le fait de sortir de la compulsion et de l'observer comme une chose extérieure à vous-même, vous permet de lui enlever du pouvoir. Quand vous vous identifiez à la compulsion, vous lui donnez involontairement de l'énergie. Quand vous observez votre compulsion, c'est vous qui en tirez de l'énergie.

Si vous parvenez à maintenir cette prise de conscience pendant quelques jours, vous noterez une différence dans votre comportement : vous ne serez plus compulsif. La conscience de la compulsion casse le pattern. L'observation vous permet de vous rendre compte que la plupart du temps vous n'êtes pas compulsif et que vous faites de votre mieux.

Il y a un autre élément plus important et d'une portée plus considérable : vous vous rendrez compte que même si vous faites très attention, vous devenez quand même compulsif parfois. Quand vous êtes pris dans votre compulsion, votre esprit peut vous jouer un mauvais tour et vous dire : « Je suis incapable de me contrôler, laissons les choses comme elles sont. » Ne développez pas cette attitude de rationalisation. Le contrôle de soi est la dignité de la vie humaine. Si vous en avez décidé et si vous voulez vous contrôler, vous en êtes capable. Quand vous n'avez pas le contrôle de vous-même, quelque chose vous démange, vous éprouvez un sentiment de remords. Vous vous contrôlez vous-même, non pour l'amour des autres, mais pour votre propre croissance et votre propre bien.

Augmentez votre niveau de conscience et célébrez-vous. Comme vous êtes merveilleux de faire de votre mieux. L'esprit s'est convaincu qu'il devait y avoir un problème. Quand vous développez une attitude d'acceptation et de célébration, il n'y a plus de problème. En réalité, le véritable problème c'est l'attitude de considérer une situation existentielle comme un problème.

Broyer du noir vous anéantit. Peu importe ce que vous avez fait, vous l'avez fait. Il ne vous a peut-être fallu que cinq minutes. Pourquoi ne pas célébrer les autres vingt-trois heures cinquante-cinq minutes ? Notre conscience de la célébration détermine notre qualité de vie. La vie ressemble à un océan avec ses vagues et ses clapotis qui tous ont la même conscience.

# TROIS RÊVES

Trois rêves sont possibles : une vie de luxe et de confort ; une vie de dévouement à autrui ; ou une vie de paix, d'harmonie et de liberté.

# UNE VIE DE LUXE
## ET DE CONFORT

C'est un rêve fréquent et, dans ses limites, il est parfaitement acceptable. Mais l'ego le régit, et l'une de ses limites est qu'il ne satisfait pas longtemps. Il crée le désir de plus de luxe et de plus de confort. C'est un rêve qui ne vous rapproche pas de vous-même.

# UNE VIE DE DÉVOUEMENT À AUTRUI

Jésus et Bouddha ont été les incarnations du dévouement à autrui. Ils sont allés de lieu en lieu, de personne en personne pour aider, guérir, réconforter. Bouddha enseignait: «Vous êtes parfaits comme vous êtes. Vos problèmes ne sont que superficiels. Au plus profond de vous, vous êtes aussi merveilleux que moi, ou que n'importe qui.»

Si nous voulons vraiment servir, qu'avons-nous besoin de posséder ou de réussir pour pouvoir le faire? N'est-ce pas simplement l'attitude qui est importante? Si vous avez l'attitude de servir, vous pouvez donner un massage, partager des paroles de réconfort, écouter les autres, offrir une tasse de thé. Combien de personnes sont disposées à rendre un service aussi simple? Quand vous servez du fond de votre cœur, vous êtes libéré de vous-même. Même s'il y a beaucoup de philanthropes, c'est leur ego qui domine. C'est la raison pour laquelle ils se plaignent d'être «brûlés». Si vous êtes un simple instrument de service, peu importe que vous soyez une chandelle ou une ampoule électrique. La satisfaction réside dans le service; votre plénitude et votre joie viennent de votre désintéressement. Peu importe à quel point vous êtes pauvre et dépourvu de talent, vous avez toujours ce don d'être une source de réconfort et de joie pour les autres. Cela ne dépend que de votre attitude et de votre façon de vous voir vous-même.

# UNE VIE DE PAIX, D'HARMONIE ET DE LIBERTÉ

Dans beaucoup de religions, certains préfèrent mener une vie contemplative dans la paix, l'harmonie et la liberté. Ils sont comme des fleurs peu importe où ils se trouvent. Quand vous êtes en présence de tels mystiques, vous recevez leur parfum; mais ces mystiques ne vont pas de-ci de-là partager leur parfum.

Quand vous vous mettez en harmonie avec votre point focal, vous vous sentez en accord avec vous-même, vous transcendez le corps et l'esprit, les problèmes et les diversions. La méditation aide, mais c'est une mauvaise attitude de trop se préoccuper des résultats de la méditation. L'authentique méditation commence quand vous en tirez plaisir. Peu importe si vous n'êtes pas capable de vous concentrer. Dieu est heureux que vous fassiez de votre mieux, même si votre esprit est éparpillé. Quand son enfant crie: «M'man... Ma... A...», la mère se soucie-t-elle que l'enfant l'appelle de la bonne ou de la mauvaise façon? C'est le cri de l'enfant qui l'émeut; elle sait que son enfant a besoin d'elle. Nous sommes tous des enfants Divins. Il n'y a rien à contrôler. Il n'y a rien à faire. Quand nous développons une attitude de totale acceptation et de célébration, il n'y a pas de problème.

# PAR-DELÀ LA DUALITÉ

Quand vous vous endormez, l'inertie gagne votre esprit et il quitte l'univers de la dualité. Vous pouvez quitter le même espace de façon consciente. De la même façon que votre esprit, quand l'inertie l'a gagné, va par-delà la dualité du bien et du mal, du vrai et du faux, il peut aller par-delà cette même dualité dans un état de conscience pure. Chaque fois que nous éprouvons de la joie, nous transcendons la dualité de la relation sujet-objet. Le sujet et l'objet se dissolvent dans l'unicité.

Y a-t-il une différence entre manger et méditer? Les deux actes apportent la même joie. Nous disons que la méditation est Divine. Nous disons que la nourriture est une grâce. Ce sont des noms que nous leur donnons. C'est pareil.

Pour reprendre les belles paroles d'un mystique: «Quand je suis présent, vous n'êtes pas là; quand vous êtes là, je suis absent. Le chemin de l'amour est très étroit; deux personnes ne peuvent s'y trouver au même moment.» Elles doivent devenir un.

Ce que vous avez en vous-même, vous comble; votre partenaire est comblé par ce qu'il a en lui-même. Notre attitude dans les relations devrait consister à aller par-delà le corps et l'esprit et à nous fournir mutuellement la motivation et l'inspiration qui nous permettront d'être en prise avec notre plénitude et notre satisfaction intérieures. Il est facile de tourner sa conscience vers la beauté. Ce n'est pas un effort de regarder un beau visage. C'est spontané. Développer la conscience est aussi simple que regarder. C'est notre attitude.

Quand nous atteignons ce niveau de conscience, nous sentons la grâce du Seigneur qui se manifeste à travers nous tels que nous sommes. Elle se manifeste à travers moi tel que je suis, à travers vous tel que vous êtes, à travers elle telle qu'elle est, à travers mon doigt tel qu'il est doigt, à travers mes yeux tels qu'ils sont yeux, à travers mes oreilles telles qu'elles sont oreilles. Est-ce un problème pour mes oreilles d'être oreilles et non yeux? Est-ce un problème pour mes yeux d'être des yeux et non des doigts? Il est bien d'être simplement comme vous êtes.

Quand vous remplissez une tasse, la tasse est pleine quand elle est remplie à ras bords. La tasse ne peut contenir autant qu'un pot ou qu'une cruche, mais le plein d'une tasse est identique au plein d'un pot ou d'une cruche. Vous ne mangez peut-être pas autant qu'un tigre ou qu'un éléphant, mais quand vous êtes rassasié, vous êtes aussi rassasié que le tigre ou l'éléphant. Vous ne ferez peut-être pas d'aussi grandes choses que Mère Teresa, Saint-François, Jésus ou Marie. Cela n'a pas d'importance. Nous n'avons pas à faire des choses «comme quelqu'un d'autre». Cela, c'est juste notre ego qui nous joue des tours. Mesurer est un jeu du cerveau. Dans le royaume de l'Esprit, il n'y a pas de mesure, juste de la satisfaction.

# LE REFUS DE JUGER

Certains concepts concernant la charité, le refus de juger, le célibat et la méditation risquent de diviser notre psyché. Nous vivons tous en surface et agissons à travers des masques. L'idée de refuser de juger, par exemple, nous rend perplexes, car nous recherchons tous l'approbation d'autrui.

Vous préoccupez-vous vraiment d'adopter l'attitude de ne pas juger? Entrez en contact avec vous-même et voyez. C'est devenu un cliché de se saluer en disant: «Comment allez-vous?» – mais la personne qui, la première, a forgé l'expression devait être visionnaire, parce que cette question nous rappelle d'entrer en contact avec nous-mêmes. En attendant de le faire, on peut toujours répondre simplement: «Très bien.»

# LA BEAUTÉ DE JUGER

Nous avons besoin d'être capables de juger. Pourquoi vous préoccupez-vous d'être bien maquillée? Comment savez-vous quand votre visage et vos cheveux sont corrects? Vous souciez-vous de la façon dont vous êtes vêtue? Quand vous allez faire votre épicerie, achetez-vous n'importe quelle pomme de terre, n'importe quelle pomme, n'importe quelle banane? Ou bien, vérifiez-vous si la banane est mûre ou trop mûre? Aimeriez-vous être un animal qui se contente simplement de manger et de dormir sans se soucier de ne porter jamais aucun jugement?

La dignité de la vie humaine consiste à être capable de juger et d'évaluer les personnes et les situations; mais comme vous avez entendu dire que la manière Divine d'être refuse toute attitude de jugement, vous cherchez à ne pas juger. À moins d'apprendre *comment* juger et *comment* évaluer, vous êtes incapable d'aller *par-delà* l'évaluation et le jugement. Vous devez prendre conscience de la beauté de juger et unifier votre vie à la lumière de vos conclusions. Et alors, vous transcenderez automatiquement votre jugement.

Abordons la question du jugement de façon plus philosophique. Pouvez-vous renoncer à juger? Oubliez, pour un instant, vos jugements sur les autres. Pouvez-vous cesser de vous juger vous-même? Vous vous jugez constamment: «Je suis trop gros, mon esprit est agité, je suis alcoolique, je mange trop, je fume trop, je ne devrais pas avoir d'aventures. » Vous êtes incapable de vous accepter tel que vous êtes. Si vous en êtes incapable, comment pouvez-vous accepter les autres et être disposé à ne pas les juger ?

Vous vous jugez comme si vous étiez différent de ce que vous jugez. Vous jugez vos actes, vos pensées, vos sentiments – mais comment jugeriez-vous le fait d'être ? Devriez-vous être ou devriez-vous ne pas être ? Vous lisez des livres, assistez à des conférences pour découvrir comment vous comporter – mais comment faudrait-il que vous soyez pour être ? Votre esprit accepte facilement toute cette confusion car il y trouve une forme de sécurité. Vous êtes en sécurité dans votre méditation parce qu'elle renforce votre confusion. Que voulez-vous changer en vous ? Êtes-vous capable de changer quoi que ce soit en vous ? Êtes-vous celui qui agit ?

# COMMENT ORGANISER UN RÊVE ?

Vous êtes pris dans un rêve. Dans ce rêve, vous essayez d'organiser la situation du rêve. Comment pouvez-vous organiser un rêve ? Quelle serait la situation idéale dans votre rêve ? Pouvez-vous être certain même que ce rêve est le rêve idéal ?

Un rêve n'est qu'un rêve. Le rêveur dans le rêve n'est pas séparé du rêve lui-même ni de n'importe quelle situation dans le rêve. Tout ce que tente le rêveur dans le rêve est partie du rêve. Vous êtes incapable de sortir du rêve. En méditant, vous vous rendez compte comment et pourquoi vous abandonner. Si vous êtes sincère et sérieux dans votre méditation, vous vous rendez compte que cette méditation ne vous mène nulle part. Rien ne vous mène nulle part. Tant que vous pensez que quelque chose peut vous mener quelque part, vous restez esclave et prisonnier de l'imagination et de la fantaisie.

La méditation, quand vous faites votre possible et quand vous vous trouvez, vous permet de renoncer à vous-même, et quand vous renoncez à vous-même, vous vous transcendez. Renoncer à soi-même signifie ne plus utiliser son intellect, son esprit ou son ego. Tant que vous continuez d'essayer de vous endormir, vous en êtes incapable. Dès que vous renoncez, vous vous endormez. Le Principe Divin est identique. Tant que votre ego est actif, qu'il s'active dans le bénévolat ou dans la méditation, vous êtes incapable d'entrer en contact avec le Principe Divin.

# LE JUGEMENT
## ET L'ÉVOLUTION DE LA CONSCIENCE

Pourquoi mangez-vous trop? Mangez-vous trop afin que vos biscuits et vos gâteaux se sentent mieux? Quand vous décidez de ne pas manger exagérément, pourquoi ne mangez-vous pas exagérément? Manger trop ou ne pas manger trop ont un objectif: tirer plaisir de la vie. La seule différence réside dans la dimension et la profondeur de ce plaisir. Mère Teresa tire plaisir à partager tout ce qu'elle possède. Ceux qui amassent tout essayent aussi d'en tirer plaisir. Celui qui épargne le moindre sou en est au stade A-B-C et celui qui partage tout en est au stade X-Y-Z, mais les deux n'ont qu'un seul objectif: la liberté et le plaisir.

De nombreux étudiants n'étudient pas. Ils se contentent de perdre leur temps. Pourquoi? Pour tirer plaisir de la vie. D'autres étudient sérieusement. Pourquoi? Pour tirer plaisir de la vie. La personne qui perd son temps ne se rend pas compte qu'il y a, dans l'étude, une dimension plus haute de la joie et même si elle pouvait s'en rendre compte, elle ne serait peut-être pas capable de contrôler ses habitudes compulsives de dormir, de boire, de parler, et cætera. Chacun de nous se trouve à un stade différent d'évolution ou de conscience, et c'est en agissant à partir du stade où il se trouve que chacun de nous essaie de trouver le bonheur. Tout le monde est également sincère.

Peut-on juger un enfant: «Pourquoi es-tu un enfant et pas un adulte?» Peut-on juger un étudiant: «Pourquoi ne connais-tu pas ta matière de A jusqu'à Z, comme moi je suis capable de la connaître?» Il est normal pour un étudiant d'être un étudiant, pour un débutant d'être un débutant, pour un enfant d'être un enfant. Il est naturel, de la même façon, pour votre corps d'être comme il est et pour votre cerveau d'être comme il est. Le corps est parfois très adulte et semble vieux, mais l'esprit reste comme un enfant. Au niveau enfantin de conscience, ce que nous pensons le meilleur c'est d'être jaloux, peureux, fourbe, tricheur. Mais nous dépassons tous cela. Acceptons d'être où nous sommes, et à partir de là voyons ce que nous pouvons faire. Si vous entrez en contact avec votre espace Divin d'amour, de lumière et de joie, vous êtes capable d'examiner toute chose.

Aux premiers stades de conscience, nous sommes simplement des créatures instinctives. Nous acceptons parce que nous ne savons pas comment rejeter. Plus tard, quand notre psyché se développe, elle devient plus réfléchie et commence à évaluer: «Qu'est-ce qui est réel?» «Qu'est-ce qui n'est pas réel?» «Qu'est-ce qui est vrai, qu'est-ce qui est faux?» «Qu'est-ce qui est permanent, qu'est-ce qui est transitoire?» Puis elle commence à se juger elle-même.

Si un chien et une personne se trouvent devant un miroir, le chien, au contraire de la personne, ne réagit pas subjectivement à son image. Le chien ne pense pas: «Je ne suis pas joli.» La psyché de la personne s'est développée et est passée à un stade supérieur. Remerciez Dieu d'avoir l'attitude de juger votre apparence et vos habitudes de manger et de boire. Sans pensée, il n'y aurait ni électricité ni radio ni télévision ni communications. Mais quand la pensée est claire, intégrée, évoluée, on se rend compte que l'objectif de la pensée est d'aller au-delà de la pensée et de réaliser cette dimension de la conscience qui est tout entière paix, joie, et exempte de pensée.

# CONNAISSANCE ET SAGESSE

Il n'y a pas de sagesse dans l'information. Notre sagesse ne dépend pas de nos pensées. Les pensées, les émotions et les désirs vont et viennent tous comme des nuages. La sagesse est un espace : un espace à jamais intact. Vous êtes cet espace, cette plénitude qui existe en soi et qui se trouve par-delà les nuages de la pensée, du désir et de l'émotion.

N'édifiez pas votre sagesse sur les livres ou sur l'apprentissage. Tous vos doctorats et tous vos diplômes sont inutiles ici. Nul besoin de lire des livres ou d'écouter des enregistrements. Soyez simplement vous-même et tirez plaisir de votre Moi. Si vous ressentez que vous avez envie d'écouter, écoutez. Si vous n'avez pas envie d'écouter, n'écoutez pas. Dans votre sagesse véritable, il n'y a pas de mots, pas d'idées, pas de rêves. Vous y êtes juste vous-même.

# LES ESPACES NÉGATIFS
## ET LA COMPASSION

Supposez que je sois en colère contre moi-même ou contre quelqu'un. Suis-je capable de passer tout d'un coup de cet espace de colère à un espace d'amour et de joie ? J'ai constaté jusqu'à présent que c'était impossible. Si je me sens vraiment blessé ou fâché, je suis incapable de passer soudain de l'espace de colère à l'espace d'amour, de lumière et de joie.

Si je suis bloqué dans mon espace négatif, les autres, exactement comme moi, le sont aussi dans le leur. Si vous êtes bloqué dans votre négativité, ne serait-il pas normal que j'éprouve de la compassion pour vous ? Ce pauvre type est bloqué aujourd'hui comme j'étais moi-même bloqué hier et comme je pourrais être encore bloqué demain. Qu'y a-t-il, dès lors, à juger là ? Nous en venons tous à être bloqués dans différents espaces. C'est comme n'avoir pas assez d'essence dans ma voiture un jour, et le lendemain voir quelqu'un bloqué sur la route parce qu'il n'a pas assez d'essence dans la sienne. Alors, j'amène cette personne dans ma voiture. Si vous êtes capable de voir objectivement vos limites, vous éprouvez plus de compassion pour les limites des autres. Même si vous êtes très évolué, ces limites restent les vôtres.

Appréciez-vous vous-même pour ce que vous *êtes*, parce que tout ce que vous *avez* n'est pas vous. Dieu vit à travers vous et moi. Dieu aime à travers vous et moi. Dieu aspire à quelque chose à travers vous et moi afin d'expérimenter Sa pleine gloire. Vous êtes dur envers vous-même à cause de certaines idées fantaisistes nées de l'ignorance. Vous êtes déjà Divin. Nous émanons tous de la même Essence Divine, et notre destin est de nous fondre dans cette Essence Divine. C'était notre origine. C'est notre destination.

Puissions-nous expérimenter l'unicité de la vie.

Puissions-nous expérimenter un sentiment d'interrelation les uns avec les autres.

Puissions-nous faire face à chaque problème comme à une situation de vie qui nous permet de croître et d'apprendre.

Puissions-nous célébrer le fait de faire de notre mieux.

Puissions-nous nous rappeler que nous sommes toujours capables de faire de notre mieux, peu importe à quel point la situation est mauvaise.

# LA PERFECTION
## ET L'IMPERFECTION

Vous êtes très conscient de vos imperfections. Aimeriez-vous être conscient de votre perfection aussi ?

Vous pensez être imparfait parce que vous êtes cupide, égoïste, peureux, lascif et paresseux. Mais c'est ici qu'une contradiction surgit : même si vous ne vous croyez pas parfait, vous pensez qu'il y a quelque chose en vous de grand, merveilleux, transcendant que vous ne pouvez compromettre avec rien d'imparfait. Vous voulez trouver ce quelque chose : il est si profond, vous donne un tel sentiment d'élévation morale, vous submerge tant qu'il vous détache de vous-même et vous permet de voir ce Moi que vous êtes vraiment. Cela est le réel, le Moi universel auquel chacun de nous est connecté comme les rayons d'un même soleil. Nous avons parfois le sentiment d'être perdus ; mais peu importe à quel point nous nous sentons perdus, nous sommes toujours connectés à ce soleil. C'est la raison pour laquelle, au cœur de notre être, nous aimons tous Jésus et Bouddha. Nous n'aimons peut-être pas Jésus parce qu'il est un sauveur mais nous l'aimons pour ce qui émanait de lui, pour ce qu'il représentait. Nous adorons tous les grands personnages de toutes les religions et de tous les pays parce qu'ils ont manifesté le cœur de l'être qui est aussi partie de vous et de moi.

Pour se rendre compte de cette perfection, il faut être en contact avec son imperfection. Notre plus grand défi d'êtres humains consiste à être en contact et à accepter notre imperfection. Si nous ne comprenons pas bien ce concept d'acceptation, nous pourrions croire que cette acceptation nous rendra plus satisfaits de nous-mêmes, plus égoïstes et plus improductifs; mais l'acceptation n'aura pas cet effet-là. Si vous n'acceptez pas de dormir, vous en êtes incapable. Vous n'en êtes peut-être pas conscient, mais ce processus d'acceptation se produit dans le flux de la vie. Quand vous êtes prêt à accepter votre égoïsme, votre lascivité, votre cupidité ou n'importe laquelle de vos faiblesses, alors vous êtes capable de dépasser votre état de conscience ordinaire.

# LE NOYAU
## DE PERFECTION INTÉRIEUR

Votre esprit se voit comme celui qui agit, comme un ego: «Je dois faire quelque chose, je dois réussir quelque chose, je dois m'améliorer et contribuer à quelque chose dans le monde sinon je vis pour rien.» Pourtant quand vous lisez les grands livres sur Jésus, Moïse ou Krishna, ils parlent tous impersonnellement: «Je ne suis qu'un canal, qu'un véhicule. Ce n'est pas moi véritablement qui agit: une force plus haute se manifeste à travers moi.»

Si la chose est vraie pour ces âmes évoluées, pourquoi ne le serait-elle pas pour vous et moi? Malgré votre imperfection, il y a en vous un noyau de perfection. Pour entrer en contact avec ce noyau, il faut un entraînement spécial, un chemin spécial. Le chemin peut être différent pour chacun. La perfection en vous ne devient pas plus parfaite selon que vous suivez tel ou tel chemin. D'un point de vue spirituel et philosophique, même Jésus aurait pu chanter mieux, danser mieux. Même Bouddha aurait pu être meilleur lutteur, meilleur nageur. Où finit cette amélioration? Nous continuons de nous améliorer, et il n'y a rien de mal à s'améliorer mais il y a quelque chose de mal à se laisser trop emporter par l'amélioration personnelle.

# LES CHOIX

Nous avons tous des fantasmes : c'est le lot de notre humanité. Que nous soyons très évolués ou noyés dans les vanités de ce monde, nous avons toujours plus ou moins conscience de nos fantasmes. Juste pour le plaisir, mettez-vous maintenant en contact avec vos fantasmes. Fantasmez le genre d'existence qui vous rendrait le plus heureux avec la personne avec qui vous pourriez être le plus heureux.

Qu'aurez-vous envie de faire quand vous vous sentirez le plus heureux ? Essayez d'éprouver la nature de votre fantasme, et vous vous rendrez compte de choses très intéressantes. La cause fondamentale de vos problèmes est la confusion. Quand vous n'êtes pas dans cette confusion, vous êtes en contact avec l'amour cosmique, la lumière, la joie. Voyez si vous pouvez ressentir cette confusion. N'y résistez pas. Gardez-vous un peu ouvert. Restez simplement en contact avec vous-même et découvrez ce qui vous procurerait un état d'intrépidité, de non-culpabilité, de liberté.

Aujourd'hui, j'ai essayé cette visualisation et j'ai trouvé trois choses. Il se pourrait que vous trouviez ces mêmes choses. Ainsi, nous pourrons comparer. D'abord, j'ai pensé à une magnifique maison. En tant qu'êtres humains, je pense que nous aimons tous rêver : « Je voudrais une maison à Hawaï ou en Californie, au bord de la mer, etc. » Ensuite, je me suis rendu compte que je voulais une belle maîtresse très élégante et séduisante. Peut-être une seule ne vous suffirait pas; peut-être aimeriez-vous en avoir quatre ou cinq. Mon troisième fantasme était la liberté. Je ne veux avoir aucune obligation. Je ne veux pas que l'on me dise quoi faire. Je ne veux pas avoir à me soucier de gagner ma vie. Je ne veux pas avoir à m'embêter à donner des conférences, à recevoir des dons ou peut-être pas. Avez-vous ces fantasmes de liberté, l'envie de n'être contrôlé ni ennuyé par personne?

Puis, après ces trois fantasmes, je me suis demandé: «Maintenant que tu as une magnifique maison, une belle maîtresse et la liberté, qu'aimerais-tu faire?» La question était difficile. J'ai pensé: «J'aimerais dormir autant que je veux. Ne m'occuper d'aucun appel téléphonique, juste dormir.» Puis, j'ai pensé: «J'aimerais faire l'amour aussi souvent que je veux.» Aimeriez-vous faire l'amour en toute liberté, dormir en toute liberté? Une troisième pensée était plus intéressante: «J'aimerais méditer autant que je veux, écrire autant que je veux parce que j'adore écrire.»

Dans votre existence fébrile et occupée, avez-vous le temps de dormir? Les fins de semaine, la plupart d'entre nous peuvent dormir autant qu'ils le veulent. Pendant combien d'heures pouvez-vous dormir et pendant combien d'heures pouvez-vous faire l'amour pour expérimenter cette suprême satisfaction? D'un point de vue philosophique, si vous vous rendez compte que votre corps doit mourir un jour, il y a une limite au nombre d'heures, de mois ou d'années pendant lesquels vous pouvez dormir ou faire l'amour.

La question de la créativité et de l'harmonie est plus subtile et plus complexe. La plupart d'entre nous ont certaines passions, et elles deviennent créativité. Quand nous trouvons cet espace appelé liberté, notre créativité s'exprime spontanément. Vous n'êtes pas heureux de votre vie parce que vous vous sentez incapable de manifester librement et spontanément votre créativité. Ceux qui sont enclins à la spiritualité pensent à la méditation, à la prière et à l'harmonie. Ceux qui sont enclins à la créativité pensent à l'écriture, à la peinture ou à la danse. Si vous voulez vraiment consacrer du temps à l'harmonie ou la créativité, qu'est-ce qui vous en empêche ? Si vous pouviez consacrer du temps à la créativité et à l'harmonie, alors vous n'auriez plus besoin de continuer à fantasmer. Si vous pouviez atteindre votre objectif d'harmonie, de créativité, et réaliser ce dont vous êtes capable, alors à quoi vous servirait le fantasme de posséder un jour cette maison, cet amant ou la liberté ?

# LES PHASES

Vous passez votre temps soit dans l'inertie, soit dans la compulsion, dans l'harmonie ou dans la diversion. Quand vous passez votre temps dans l'inertie, vous êtes pareil à une chose, un être mécanique qui répète des habitudes quotidiennes sans en être conscient. Vous conduisez sans être conscient de conduire, vous vous maquillez sans être consciente de vous maquiller. Quelle sorte d'existence est-ce là ? Si vous vivez dans cette maison imaginaire, avec cet amant imaginaire, vous vivez dans une inertie plus grande encore. Remerciez Dieu de n'avoir ni cette maison ni cet amant imaginaires. Plus vous abordez de front les défis de la vie, plus votre inertie s'en trouve ébranlée et mise de côté. C'est un grand don de pouvoir surmonter les défis et traverser les crises. Nous avons tous à faire des choses que nous ne voulons pas faire. Nous avons besoin d'argent pour manger, pour nous habiller et pour nous loger, nous n'avons donc nullement les moyens de ne pas travailler pour gagner notre vie. Nous pouvons toujours agir pour corriger notre inertie, mais nous sommes sans moyens devant notre manque de moyens.

# LA COMPULSION

Vous pouvez accuser le système social d'être responsable de votre pauvreté, mais qui allez-vous accuser d'être responsable de votre compulsion? Dieu? Vos parents? Votre professeur? Tant que vous serez compulsif, vous ne serez pas heureux de vous-même et vous ne vous accepterez pas. Ne pensez pas que vous soyez le seul à manger ou à boire de façon compulsive. Ce sont des comportements très courants que n'importe qui peut observer. Si vous avez une propension à la spiritualité, vous devez observer quand vous broyez du noir, quand vous fantasmez, quand vous vous sentez coupable ou quand vous avez peur de devenir compulsif, et ensuite vous devez faire tout votre possible pour l'éviter. Saint Paul a eu des mots magnifiques: «Quelle est cette force qui me pousse à faire ce que je ne veux pas et à ne pas faire ce que je veux?» Saint Paul était poétique et capable de joliment l'exprimer, mais c'est toujours la même damnée compulsion. Quand vous agissez contrairement à vos convictions et à votre conscience, vous êtes compulsif. Quand vous agissez conformément à vos convictions et à votre conscience – ce qui signifie qu'il n'y a ni doute ni conflit –, vous le faites pour atteindre à l'harmonie.

Vous agissez souvent comme si vous n'existiez pas. Quand vous nourrissez votre petit chien ou tenez votre enfant dans vos bras, soyez conscient de le faire. Être en harmonie signifie être total: vous traitez chaque chose comme si elle était l'expression de la suprême Réalité ou

Vérité. Vous atteignez à votre « dieu ». Dieu signifie, ici, votre conviction la plus haute, celle que vous poursuivez sous la forme de votre devoir. Supposez que Jésus apparaisse en personne et que nous devions lui masser la tête. Quelqu'un qui n'est pas total pourrait penser qu'il doit lui masser les pieds ou les mains. Mais si je suis total, je sais que Jésus est le même Jésus de la tête aux pieds et qu'il apprécie le massage.

Vous faites souvent les choses comme si quelqu'un vous y obligeait : « Je dois élever mon enfant. Je dois l'amener à l'école. Je dois le ramener à la maison. » Quand vous arrive-t-il d'aimer vraiment la vie ? Il ne faudrait pas vivre comme si quelqu'un vous y obligeait. Développez un sens d'auto-célébration. Chaque fois que vous faites quelque chose – y compris votre méditation, votre travail bénévole, votre yoga, ou vous mettre au service de votre mari, de votre épouse, de vos enfants –, faites-le en ayant l'attitude suivante : « Je fais ce que je dois faire, et je me sens très, très bien parce que je fais ce qui plaît le plus au Seigneur. » L'essence même de l'harmonie est de faire ce que l'on veut faire et que l'on aime faire ; faites de votre mieux et en même temps célébrez parce que vous faites de votre mieux. Votre mieux pourrait être laver la vaisselle.

# MÉNAGER DU TEMPS
## POUR L'HARMONIE

La plupart d'entre nous pensent qu'ils n'ont pas de temps à consacrer à l'harmonie. Ils ont du temps pour le travail, les petits amis et les petites amies, pour les piqueniques, les voyages, la lecture ou pour assister à des conférences – pour tout, sauf pour l'harmonie. Il faut se rendre compte que rien n'est plus important que l'harmonie parce que peu importe ce que vous lisez, peu importe où vous allez ou qui vous écoutez, il faut ultimement revenir à soi-même. Ce n'est qu'en revenant à soi-même et en faisant ce que l'on considère être son mieux et en se célébrant soi-même que l'on est capable de se transcender. Autrement, le désaccord subsiste: « J'aurais dû mieux faire; j'aurais dû agir autrement. » Chaque fois que vous faites quelque chose, soyez total, soyez si total que l'instant devienne l'instant le plus important, le plus crucial de votre vie. Devenez réceptif à cet instant comme si quelque chose d'essentiel allait vous être révélé.

Se mettre en harmonie, c'est le processus de se faire face à soi-même et d'être soi-même. Vous n'y consacrez pas le temps qu'il faut parce qu'il n'y a rien de plus gênant, frustrant et étouffant que d'essayer de se faire face à soi-même. Quand vous y arrivez, vous découvrez que vous vous sentez seul, que vous vous ennuyez, que vous êtes peu sûr de vous et tout mêlé, vous découvrez tellement de pensées et de fantasmes, de jalousies, de peurs et de culpabilité.

Qui veut vivre cela ? Alors, vous allumez la télévision. Vous choisissez de passer le temps de la manière dont vous le passez parce qu'ainsi, vous vous sentez à l'aise avec vous-même. Tant que vous n'en serez pas conscient, vous continuerez de vous leurrer ; et si vous continuez de vous leurrer, vous serez incapable de vous transcender.

Quand vous vivez conformément à votre vérité et à vos convictions, vous vous sentez soit malheureux, soit heureux, mais personne ne vous y oblige ; c'est votre choix. Si vous tirez plaisir de ce que vous faites, vous en ferez automatiquement un peu plus, parce que c'est la raison pour laquelle on fait toute chose dans la vie – pour être heureux. Si vous tirez plaisir à être disponible à vous-même, même pendant une petite minute, automatiquement vous prendrez plus de temps pour l'être. Si vous ne tirez pas plaisir à être disponible à vous-même, vous saurez : « Je me sens tellement peu sûr de moi, tellement seul et dégoûté que je dois sortir de moi, lire ou regarder la télévision. »

Si cette prise de conscience vous amène à abandonner votre méditation ou à renoncer à l'harmonie, vous saurez que vous fuyez la méditation non parce que vous n'avez pas de temps mais parce qu'elle vous frustre et vous ennuie. Vous réaliserez également que la méditation, même si elle vous frustre et vous ennuie, vous donne la conscience, la plénitude et la maîtrise de vous-même. Chaque fois que vous contrôlez vos compulsions, vous vous sentez obligatoirement un peu malheureux au début. Chaque fois que vous agissez conformément à vos convictions, même si vous vous sentez amer au début, plus tard vous vous sentez obligatoirement bien de l'avoir fait.

# LA DIVERSION

La diversion est importante pour atteindre à l'harmonie. Quand on commence à méditer, à faire du bénévolat ou à prier, on se rend compte qu'il est impossible de le faire tout le temps : on a besoin d'un peu de diversion. Toute distraction à laquelle on s'adonne consciemment est saine et inductrice de croissance. Ne pensez donc pas que vous devenez compulsif ou paresseux parce que vous vous distrayez de temps en temps. Promenez-vous, regardez la télévision ou jouez avec vos enfants ; mais sachez pourquoi vous prenez le temps de vous distraire. Si vous ne le savez pas, vous vivez dans l'inconscience ou bien ce sont vos patterns impulsifs, compulsifs qui vous conduisent.

Vous pouvez vous accorder autant de diversions que vous voulez, mais sachez qu'il s'agit de diversions – elles sont là pour le plaisir, parce qu'en cet instant précis, vous êtes incapable de travailler votre harmonie, vous êtes incapable d'être doux et aimant envers les autres. Pendant la nuit, nous dormons tous. Nous ne gagnons pas d'argent pendant notre sommeil, et pourtant, nous ne nous sentons pas coupables de dormir. Le sommeil est absolument nécessaire à la créativité et à l'harmonie du lendemain.

Quand j'étais étudiant, je me montrais peu studieux et insouciant pendant la majeure partie de l'année. Comme j'étais assez doué, deux semaines d'études seulement me permettaient d'obtenir de bonnes notes. Pendant ces deux semaines, au bout de trois ou quatre heures de travail continu, je m'épuisais; ma tête n'assimilait et ne comprenait plus rien, et je devais arrêter pour un temps. Alors, j'allais dans un parc, je humais les fleurs, je jouais avec les enfants et regardais tous les beaux visages. Après dix ou quinze minutes, je savais que j'étais capable de recommencer à étudier. Si j'avais continué à lire et à étudier, assis à mon bureau, cela n'aurait servi à rien. En m'autorisant une petite distraction, je m'ouvrais à plus de réceptivité et à un meilleur apprentissage. Que nous soyons ordinaires ou extraordinaires, de saines distractions nous sont nécessaires à tous.

# LES CONTRADICTIONS

J'ai appris, quand je vivais dans une grotte, la nature contradictoire de l'esprit. Quand des gens me rendaient
visite dans ma grotte, cela m'ennuyait qu'ils me dérangent
dans ma méditation et dans mes efforts d'atteindre à l'harmonie. Quand ils ne me rendaient pas visite, je me sentais
ennuyé de ne recevoir aucun support moral. Je réalisais
également que j'étais un étudiant brillant qui vivait dans
une grotte et passait dix à quinze heures par jour à méditer,
à chanter et à prier. Mais la nuit, je rêvais aux femmes. Ceci
posait un problème. Je me demandais : « Qu'est-ce que je
fais ? Pourquoi je vis dans cette grotte ? Je devrais aller me
trouver un travail et une jolie femme ; il y aura bien une
femme pour me trouver séduisant même si je ne suis pas
très beau. Je devrais affronter certains dangers, prendre certains risques. Que me donne cette existence douillette et
sûre ? Il faudrait que je sois plus audacieux. » Mais quelque
chose en moi était plus porté vers Dieu, l'illumination. Je
décidai de ne pas me laisser distraire et de consacrer toute
mon énergie, mon temps et mes ressources à ce seul objectif. Et c'est pourquoi je continuai.

# ORIENTER SA VIE
## DANS UNE MÊME DIRECTION

D'après ce que je comprends, il existe en chacun de nous un côté obscur et un côté clair. Il faut connaître ses propres clartés et ses propres ombres pour parvenir à développer la compassion pour les autres car alors, et alors seulement, on se rend compte qu'ils sont exactement identiques à nous.

Quand on comprend la nature contradictoire de son esprit, non seulement on s'accepte soi-même tel qu'on est mais aussi on prend certaines mesures pour rendre sa vie plus harmonieuse, plus intégrée, plus raffinée, plus équilibrée et plus orientée dans une même direction. Vous êtes incapable de vous sentir heureux, puissant, sans peur, si votre vie n'est pas orientée dans une même direction. Vous vous sentirez toujours peu sûr de vous, un peu faible, un peu distrait.

Peu importe que vous n'ayez pas assez d'argent ou que vous ne sortiez pas avec un bel amant; ces excuses-là, c'est votre confusion qui les crée. La véritable cause de votre insécurité provient du fait que votre vie n'est pas encore orientée dans un même sens. Vous n'avez pas été capable d'accepter et d'harmoniser votre nature contradictoire. Vous n'avez pas été capable de faire ce que vous pouvez faire ni de vous rendre compte que vous ne pouvez pas faire ce que vous pensiez pouvoir faire. Il faut que vous puissiez déterminer ce que vous êtes capable de faire, et ensuite le faire. Cessez de penser à ce que vous imaginez pouvoir faire. Une fois que vous y serez parvenu, vous verrez à quel point vous serez heureux. Vous réaliserez que votre propre peur, seule, vous empêchait de réaliser votre créativité et d'atteindre à l'harmonie.

Ne faisons pas de la peur quelque chose de mystique. Peur de quoi ? Peur de perdre ce que l'on possède ou peur de ne pas obtenir ce que l'on désire. Vous avez peur de perdre votre voiture, votre ami, votre amie, votre argent ; vous avez peur que l'on ne reconnaisse pas ce que vous faites, que l'on ne reconnaisse pas la beauté de votre partenaire ou votre richesse. Peu importe ce que vous possédez dans la vie, vous devez le perdre, que vous ayez peur ou non. Puis-je toujours m'accrocher à ma jeunesse ?

Qu'aspirez-vous posséder ? Voulez-vous la liberté ? La liberté pour quoi faire ? Pour passer du bon temps à manger, à boire, à fumer, à faire l'amour ? Si vous pouviez utiliser juste un peu de votre liberté, vous pourriez affronter les feux de l'enfer. Si vous pouviez être honnête et utiliser votre liberté conformément à vos propres convictions pour contribuer à votre créativité et à votre harmonie, alors tout le reste de ce que vous possédez n'aurait pas d'importance. Vous commenceriez à devenir véritablement libre.

Les diverses religions ne sont que des poteaux indicateurs. La joie et la compassion sont des principes fondamentaux de toutes les religions. Tout le monde veut expérimenter la joie de l'harmonie et la béatitude, ressentir la joie de la créativité, la joie de peindre, d'écrire, de chanter, de danser et de savourer la victoire de soi. Parfois, on veut se laisser aller au tabac, à l'alcool, même si l'on sait que c'est nocif. Si vous vous y adonnez en victime de la compulsion, vous en ressentirez forcément du remords et de la culpabilité. Par ailleurs, si vous y cédez dans la maîtrise et le contrôle de vous-même, avec mesure, il peut être divertissant de vous y exposer. Ils peuvent devenir une saine distraction susceptible de consolider en vous l'harmonie. N'éprouvez donc aucun malaise à avoir des habitudes stupides. Les habitudes stupides sont très bonnes : elles vous permettent de vous divertir ; mais soyez vigilant : ces habitudes stupides ne doivent pas vous rendre victime de la compulsion.

Pour en finir avec la compulsion, sachez ce qui impressionne profondément votre conscience, ce qui vous pince. Quand j'étais enfant, j'adorais la flamme des bougies. Ma mère essaya de me refréner, mais j'y mis un jour le doigt et me brûlai. Je me souviens encore de la sensation de brûlure et depuis, je n'ai plus jamais voulu la ressentir. Quand vous agissez de façon compulsive, imposez-vous une saine punition. Soyez dur envers vous-même. Ne vous punissez pas simplement pour consolider votre ego : « Je jeûne depuis vingt jours et j'ai réussi à renoncer à tout. » Sans en informer personne, punissez-vous d'une façon saine de manière à ce que votre esprit s'en rappelle.

Savez-vous pourquoi nous agissons bien ? Parce que nous connaissons les conséquences de nos actes. Pourquoi ne volons-nous rien dans d'autres maisons ? Pas du tout parce que nous sommes bons et responsables mais parce que nous savons que nous irons en prison et que nous perdrons notre réputation. La peur nous aide à croître. Remerciez Dieu d'avoir peur. Voulez-vous ressembler à ceux qui traînent dans les rues sans éprouver ni culpabilité ni peur ? Non, vous voulez être un être humain convenable qui éprouve un petit peu de saine culpabilité et un peu de peur.

Tant que vous serez compulsif, vous ne parviendrez pas à vous estimer vraiment vous-même. Parfois, je me punis en m'obligeant de donner à quelqu'un cinq ou dix dollars. Je suis tellement attaché à l'argent que cela me fait mal de devoir perdre cinq dollars à cause de mes stupides compulsions. Il m'est égal de donner de l'argent pour une bonne cause et dans un geste généreux, mais en perdre pour me punir de mes compulsions, cela me fait mal.

Ne vous leurrez pas au point de croire que vous êtes tellement formidable que plus rien n'a d'importance pour vous, et qu'il vous est facile de vous défaire de votre argent. Cela est non-sens. Vous n'êtes pas aussi évolué que cela. Si vous ne voyez pas votre petit ami ou votre petite amie, vous vous sentez malheureux; si l'on remorque votre voiture, vous vous sentez malheureux; si la Bourse a baissé, vous vous sentez malheureux. Vous êtes attaché à tout ce qui est de ce monde. Punissez-vous partout où vous êtes attaché. Ensuite, exécutez aussi fidèlement que possible ce que vous avez décidé.

# LUCIDITÉ ET ENGAGEMENT

Croyez-vous que vous allez toujours sourire comme un Bouddha ? Qui souhaite devenir une statue comme Bouddha ? Ma main se lève et se dépose ; faudrait-il qu'elle reste toujours immobile ? Il n'y a pas de plaisir, pas de vie dans l'immobilité. La vie signifie mouvement, transaction, partage, sensibilité. Le mouvement signifie agitation. Le mouvement comporte des hauts et des bas. Quand vous possédez cette sagesse, vous vous libérez ; vous ne vous souciez pas de réussir.

Visez simplement la lucidité. La lucidité veut dire que vous vous êtes libéré de la confusion. Vous savez quand vous êtes compulsif et quand vous ne l'êtes pas ; vous savez quand vous tirez plaisir d'une distraction et quand vous tirez plaisir de l'harmonie. Quand vous êtes lucide, vous faites de votre mieux.

L'engagement signifie que vous allez jusqu'au bout, en calculant combien de temps vous pouvez consacrer à ce que vous faites et à la quantité de distractions qu'il vous faut ; comment vous allez vous punir si vous n'agissez pas bien ; et comment vous vous récompenserez si vous agissez bien, de manière à vous stimuler davantage.

# LA MÉLODIE DU PROCESSUS DE L'ÉPANOUISSEMENT

Restez en contact avec vous-même et définissez qui vous êtes à la lumière de votre propre clarté. Tenez un journal. Il est sain de dialoguer franchement avec l'esprit. Les notes que j'ai écrites il y a vingt-cinq ans et celles d'aujourd'hui sont, quand je les compare, presque identiques. J'y retrouve les mêmes manies stupides et je ris de mes propres mots. Pourtant, il y a dans le processus de l'épanouissement une petite mélodie aussi.

Peu importe à quel point nous sommes évolués, il y a toujours moyen d'évoluer un peu plus parce que l'évolution est infinie. Quand vous vous dissolvez dans la Conscience Cosmique, il n'y a pas d'effort; mais quand vous revenez à votre conscience humaine, il y a toujours place pour votre perfectionnement, pour la croissance, l'amour et la joie. Soyez conscient de vous-même, célébrez-vous, félicitez-vous de faire de votre mieux. Comme vous êtes merveilleux!

Ce côté merveilleux ne dépend d'aucun de vos actes. Mère Teresa est merveilleuse non pas parce qu'elle s'occupe d'enfants affamés mais à cause de l'harmonie qui est en elle, à cause de son dévouement et de son attitude vis-à-vis de l'action. Si vous et moi pouvions avoir la même attitude vis-à-vis de n'importe quel acte simple, nous serions aussi grands que n'importe qui peut l'être. La grandeur dépend de notre attitude, de notre conscience, de notre lucidité, de notre liberté.

Maintenant, tout de suite, entrez en contact avec vous-même. N'êtes-vous pas heureux et satisfait? Le monde est pareil à ce qu'il était. Je ne vous ai donné ni cadeaux ni argent. Si vous vous sentez différent, c'est à cause de votre propre lucidité. Si vous êtes heureux, ne fût-ce que pendant deux minutes, ne vous est-il pas possible d'en venir à la conviction que vous êtes fondamentalement heureux de nature, parfait de nature? En réalité, vous n'avez besoin de rien pour ressentir cette perfection puisqu'elle est votre nature; elle est votre être même. Vous ne manquez de rien. Vous êtes parfait. Vous n'avez besoin ni de petits amis ni de petites amies ni d'argent ni de pouvoir parce que vous êtes Divin. Vous êtes entier.

# L'ESTIME

Un jour, en Californie, je me sentais seul. Par coïncidence ou par grâce Divine, un chat qui d'habitude ne s'occupait pas beaucoup de moi sauta sur mes genoux, et je me sentis tellement aimé et accepté que toute ma solitude s'estompa. Je me rendis compte à quel point il pouvait être important qu'un chat saute sur les genoux de quelqu'un, même pour une personne comme moi, si fière de sa sagesse, de son harmonie et de sa méditation. Un chat m'a révélé l'extrême importance de l'amour dans ma vie. Au moment où je me sentais déprimé et seul, le fait qu'il m'accepte m'a rendu de bonne humeur et joyeux.

Et qu'en est-il dès lors de l'amour humain? De la douce approbation des autres? Si vous êtes dans la vie de quelqu'un, votre contribution est très grande. Lors d'un partage, une étudiante expliqua qu'elle ne savait pas comment contribuer au bonheur des autres. Je dis: «Vous n'avez pas à contribuer. Laissez-leur savoir simplement que vous les acceptez comme ils sont. Personne ne se sentira plus aimé de vous que ceux que vous acceptez totalement.» Le meilleur service à offrir aux autres est de les accepter comme ils sont et de leur laisser la liberté d'être comme ils sont. Quelqu'un est dans votre vie; vous êtes dans la vie de quelqu'un. Sachez à quel point vous êtes important. Ne pensez pas à quel point vous êtes égotiste mais à quel point vous êtes important d'être en relation avec quelqu'un et de transformer sa vie par votre amour et votre compréhension.

# LA FORCE VITALE

Forcez-vous la vie à agir ? Non, c'est la vie qui vous force à agir comme vous agissez. Vous avez faim dans le flux de la vie ; vous rêvez dans le flux de la vie. Est-ce vous qui faites pousser vos cheveux ? Planifiez-vous de penser ce que vous pensez, ou bien vos pensées vont et viennent-elles d'elles-mêmes ? Choisissez-vous de vous laisser bloquer par une pensée donnée ? Quand vous tombez amoureux, décidez-vous de tomber amoureux ? Exactement comme vous tombez amoureux de quelqu'un sans l'avoir planifié, une pensée fortuite se présente à vous et vous bloque. Vous ne faites que penser que c'est vous qui choisissez et décidez. Quand vous êtes capable d'établir un meilleur contact avec votre nature profonde, vous savez que vous choisissez ce que vous êtes prêt à choisir ; vous faites ce que vous êtes prêt à faire ; vous pensez ce que vous êtes prêt à penser. Vous ne faites rien, et pourtant vous faites tout. Voilà la liberté.

Si vous pouviez choisir, choisiriez-vous d'être paresseux ou de vous gaver compulsivement comme un porc ? Choisiriez-vous de vous mettre en colère ? Vous ne choisissez pas. Cela se produit comme ça. Un enfant agit comme un enfant doit agir. Quand vous êtes avancé dans votre croissance spirituelle, vous vous rendez compte que vous n'êtes qu'un instrument, un véhicule. La vie coule à travers vous comme l'électricité à travers l'ampoule qui donne la lumière, le microphone qui donne le son, le réfrigérateur qui conserve la nourriture. L'électricité ne fait rien, et pourtant elle fait tout. Quelle que soit sa forme, elle fait son travail. Vous faites tout ce que vous êtes prêt à faire dans l'épanouissement de votre conscience. Si vous pensez que c'est vous qui choisissez, alors choisissez ce que vous pensez. Avant de penser, soyez certain que vous pensez ce que vous voulez penser. Si vous vous rendez compte que vous broyez du noir ou pensez de façon compulsive, arrêtez. Vous en arriverez graduellement à savoir que vous avez agi comme une marionnette Divine. Mais ce savoir demande une prise de conscience et de l'entraînement.

# LES ÉLÉMENTS DES RELATIONS

Si vous pouviez choisir une seule relation qui a été pour vous apaisante, réconfortante, inspirante et stimulante – que ce soit une relation avec votre chien, votre chat, votre enfant, votre ami, votre épouse ou vos parents –, en quoi diriez-vous qu'elle était spéciale? Pourquoi cette relation vous a-t-elle tellement touché, tellement ému? Aimeriez-vous vivre la même relation avec un grand nombre d'êtres? Aimeriez-vous rester dans cet espace de paix et de compréhension?

Nous cherchons tous une relation durable. Nous devons consolider notre confiance et reconnaître que nous en avons la capacité. Au début, nous ne savons pas comment entrer en relation avec Dieu ou la Conscience Universelle, aussi nous commençons le processus avec les autres. Quand nous raffinons notre sens de la relation, nous finissons par transcender la relation. Nous pouvons éviter une relation, mais sans la vivre, il est impossible de la transcender.

Pour aller à Chicago, il faut une voiture ou un avion. Vous commencez par accepter la voiture ou l'avion. Quand vous atteignez votre destination, vous laissez le moyen de transport. Si vous aviez pensé: «Je n'accepte pas le moyen de transport, puisque je dois le quitter», vous seriez resté bloqué où vous étiez. Il faut commencer par le prendre et l'accepter. Ce n'est qu'avec cette compréhension-là qu'une relation peut s'épanouir d'une manière spirituellement saine.

Une relation débute par la confiance. Même si vous n'avez pas confiance en l'autre, vous devez avoir confiance en vous: «Je vais prendre le risque, je suis d'accord d'essayer.»

Le second élément est le partage. Il est difficile de partager ce que l'on a parce qu'on a investi tant d'énergie, de temps et fait tant de sacrifices pour l'obtenir. Quand une relation requiert le partage, nous nous retenons; mais si nous avons l'intention de développer une relation, il est obligatoire de partager.

Le troisième aspect d'une relation, c'est apprendre à être. Être signifie être avec quelqu'un sans se sentir intimidé ou dépendant. L'autre est comme le parfum d'une fleur ou la lumière du soleil, et on tire simplement plaisir d'être en sa présence. On n'est pas obligé de performer; on est simplement. Dans les trois phases – la confiance, le partage et l'être – l'amour est présent, l'amour est mis en évidence, l'amour continue de raffiner la manière dont la relation mûrit.

Tant que vous ne vivez que deux phases de la relation, vous n'en obtenez pas la crème. La crème de la relation, c'est atteindre un stade où l'on peut être simplement soi-même. Il faut faire attention parce que logiquement, vous pourriez penser: «S'il s'agit d'être simplement moi-même et s'il s'agit juste d'apprendre à être, pourquoi m'engager dans une relation?» Mais cela ne marche pas ainsi.

Au début, nous sommes comme des animaux dirigés par l'instinct. Un chien est un chien; un chat est un chat; une vache est une vache; mais où vont-ils? Ils sont coincés dans leur existence animale instinctive. Même ce stylo est être; tout est être. Toute chose appartient au règne de l'être, mais qu'apprennent les choses? Quand vous apprenez à faire confiance, vous dépassez l'égocentrisme instinctif. Vous apprenez à partager votre temps, votre énergie et votre argent. Mais votre don restera centré sur l'ego, à moins que vous ne donniez celui-là même qui donne.

L'ego possède ses propres mécanismes pour perpétuer l'illusion de la séparation. Il ne peut se sentir fier de lui que s'il se sent séparé : « Si je ne fais qu'un avec le Tout, alors qu'ai-je de spécial ? Je veux devenir un grand professeur, un grand leader, un grand philanthrope. » Plus nous croissons dans le partage désintéressé, plus nous voyons à quel point l'ego est superficiel.

Quand vous nourrissez votre enfant, votre petit chien ou votre petit chat, vous ressentez de la joie. Quand vous servez votre épouse ou une autre personne aimée, quelque chose se produit dans votre conscience. Vous vous sentez comblé, même si vous avez servi un être distinct de votre propre corps. Quand vous expérimentez cette joie, votre ego se dissout. Vous ne vous sentez pas joyeux, comme si vous étiez le contenant ; vous devenez joie. La dimension de l'expérience est différente et elle s'appelle une expérience mystique. Dans cette dimension, vous n'êtes pas joyeux. Vous êtes joie, vous êtes vie, vous êtes être. Ce n'est pas simplement possible ; c'est l'objectif.

Il y avait un moine, en Inde, qui voulait méditer dans une grotte merveilleuse. Il se rendit dans une grotte et médita, pour finir par se rendre compte que son esprit était toujours éparpillé et distrait. Il décida : « Cette grotte n'est pas la grotte parfaite. Aucun grand saint n'y est sans doute resté, et c'est pourquoi cela ne marche pas. Il faudrait que j'aille dans une grotte de l'Himalaya. » Il quitta donc la première grotte et s'installa dans une autre. Quinze ou vingt ans plus tard, le moine avait toujours la même impression : « J'ignore si les grottes sont saintes ou si elles ne le sont pas, mais tant que j'aurai ce même fichu esprit, je suis certain qu'aucune grotte n'aura d'effet sur moi. »

Votre relation avec votre merveilleux (ou lamentable) ami ou épouse est pareille à celle du moine avec la grotte. Vous voulez atteindre l'état suprême et n'êtes pas capable de l'atteindre, alors vous en rejetez la faute sur votre partenaire et vous en changez, comme le moine en rejetait la faute sur sa grotte et en changeait. Combien de fois avez-vous changé de relations?

Avant de vous engager dans une relation, quelle qu'elle soit, il est bon de comprendre pourquoi vous voulez vous y engager. Certaines relations nous ont déjà été tracées. Nous sommes tous des fils ou des filles, des frères ou des sœurs. Les relations nouvelles ont pour but d'élargir l'horizon de notre conscience et de nous amener à tirer plaisir de l'unité de l'être. On nous a dit qu'il y avait quelque chose d'éternel, de permanent, d'infini; mais nous ne savons pas comment l'expérimenter ni où le chercher. Une relation est une merveilleuse fenêtre par laquelle il est possible d'avoir un aperçu de l'infini. L'altruisme, l'amour, la confiance, le dévouement et le partage permettent au cœur de se raffiner et d'expérimenter cette Essence située par-delà le temps, l'espace ou la situation. Il est formidable d'avoir quelqu'un dans sa vie qui vous offre cette fenêtre. Dans cet espace, vous ne prêtez pas attention à la beauté ou à la laideur, à la richesse ou à la pauvreté, à l'intelligence ou à la stupidité de votre partenaire.

Le Seigneur Krishna avait, un jour, trois maîtresses. Toutes trois avaient une attitude différente dans leurs relations avec Lui. La première, Vishakha, aimait le Seigneur Krishna parce qu'Il la rendait heureuse. Elle était une des grandes amoureuses. L'autre était Lalita. Elle aimait Krishna parce qu'Il la rendait heureuse et parce qu'elle Le rendait heureux. Elle était aussi l'une des grandes amoureuses. La troisième était Radha. Radha aimait Krishna parce qu'elle était capable de Le rendre heureux.

Le récit mythologique décrit les trois attitudes que nous pouvons avoir dans nos relations. Nous commençons au stade où en était Vishakha. «Qu'êtes-vous capable de faire pour moi? Que pouvez-vous apporter à ma vie?» Nous voulons atteindre le stade de Radha mais nous n'y sommes pas encore arrivés. Atteindre le stade de Radha demande un peu de temps – et si nous croyons en la transmigration de l'âme, cela peut demander plusieurs vies – mais il y a de bonnes chances d'y arriver. Notre espoir réside dans la conviction que nous vivons et que nous mourrons pour l'amour.

La beauté est dans le voyage lui-même, le voyage de l'amour. Les ruisseaux et les rivières coulent vers la mer. Impossible de nier leur charme et leur musique. Même avant d'atteindre leur destination, leur énergie, leur zèle nous inspire et emplit nos cœurs au point que nous aimons nous asseoir sur leurs rives. Même si vous en êtes au stade de Vishakha, même si vous voulez que votre amant vous comble, convainquez-vous qu'au moins vous possédez ce feu de l'amour. Nous sommes ici, nous pouvons arriver là-bas, mais nous devons faire confiance au flux de la vie. Laissons tous les cœurs se précipiter vers l'océan de l'amour, de la paix et de la compréhension.

Une relation ne fonctionnera que si vous êtes persuadé qu'elle vous permettra de croître et de rehausser votre niveau de conscience, parce que vous avez développé la confiance et serez devenu moins craintif. Autrement, vous deviendrez trop dépendant l'un de l'autre et finirez par ne plus vous aimer. Vous aimez quelqu'un parce que vous aimez sa compagnie ; mais vous en venez à ne plus l'aimer si vous vous collez trop à lui et devenez trop dépendant. Qui voudrait de ce genre de relation trop sentimentale dans laquelle on ne peut pas respirer et dans laquelle on passe tout son temps à se demander : « Où est-il ? Où est-elle ? » De telles pensées épuisent. Il faut s'assurer de ne pas s'attacher.

À cette fin, apprenez à partager votre amoureux – non dans un sens grossier, physique mais dans un sens doux, Divin – en offrant à celui que vous aimez un espace où il est capable d'être lui-même. Il est bon d'être ensemble pour s'aider mutuellement mais il est bon d'être séparés à l'occasion et d'avoir un espace où l'autre n'entre pas. Alors, on sait comment traiter avec soi-même en l'absence de l'autre. Afin de savoir si vous vous sentez possessif ou jaloux, il est bon que votre partenaire aille parfois magasiner avec quelqu'un d'autre. Vous venez au monde seul, vous partirez seul, et vous ne pourrez jamais être certain de ce qui arrivera dans la vie. Pour que votre relation soit saine, ayez cet espace dans lequel vous ne dépendez pas constamment de quelqu'un.

L'objectif d'une relation n'est pas de rendre toujours l'autre heureux. Nous nous frottons l'un à l'autre pour nous polir, pour briller l'un l'autre. Vous ne devriez pas vous contenter simplement de vous adorer mutuellement et de vous dire à quel point vous êtes merveilleux. Parfois, vous devriez vous mettre en colère. Vous en éprouverez un sentiment de liberté. Dès lors, quand vous voudrez vous entraîner à être vous-même, laissez la personne que vous aimez être dans votre vie comme un parfum ou comme un rayon de soleil et ignorez-la simplement. Cette façon de faire est plus mystique.

# LA SENSIBILITÉ

La capacité d'être sensible aux zones sensibles de l'autre, que cet autre soit votre frère, votre mère, votre sœur ou votre ami, voilà un autre aspect d'une relation. Vous pourriez rendre quelqu'un heureux si vous êtes assez sensible pour lui offrir une fleur ou un biscuit, pour lui écrire une lettre ou lui téléphoner. Vous pourriez mettre quelqu'un très mal à l'aise (même s'il ne vous le dit pas) en allumant la lumière alors qu'il aurait préféré qu'elle reste éteinte. Votre façon d'ouvrir ou de fermer la porte, le désordre de votre chambre ou l'état dans lequel vous laissez la vaisselle pourrait déranger quelqu'un. Si vous le savez et si vous faites attention, l'autre se sent aimé et respecté. Mais souvent, nous sommes tellement préoccupés par nous-mêmes que nous ne pensons pas à ce qui pourrait rendre les autres heureux. Dans une relation réellement bonne, il est très important de connaître les sensibilités de l'autre.

# LA COMMUNICATION

La communication est très importante. Parce que vous êtes avec quelqu'un, vous pourriez prendre pour acquis que cette personne sait ce que vous êtes vraiment, ce que vous voulez accomplir et ce que vous voulez partager. Qu'y a-t-il de mal à se parler? Soyez comme un enfant. Un enfant dit à sa maman: «Donne-moi de la crème glacée, donne-moi un bonbon, donne-moi un ballon. Je veux ce livre.» Laissez votre enfant intérieur se comporter en enfant: «Pourrais-tu me rendre un service? J'aimerais ceci.»

Les gens parlent de leur travail, de l'achat d'une voiture, d'une maison ou de nouveaux vêtements; mais ils parlent rarement de sujets plus profonds comme l'immortalité, Dieu, la réincarnation, la méditation ou la liberté. Demandez à votre ami: «À quoi penses-tu ces temps-ci? Te sens-tu parfois jaloux, peu sûr de toi, tendu? Moi, oui. Comment t'en sors-tu? Que fais-tu pour être plus heureux?» Soyez ouvert, partagez vos pensées, vos rêves et vos peurs. Plus vous partagez vos sentiments profonds, plus vous développez un sentiment d'unité. Une bonne communication et une sensibilité adéquate consolident votre confiance et votre amour mutuels.

# LA BONNE ATTITUDE

Vous avez déjà connu beaucoup de personnes et beaucoup de choses dans la vie, mais à moins de changer la qualité de votre cœur, ce que vous possédez ou les personnes que vous fréquentez importent peu. Pour changer cette qualité du cœur, il faut avoir la bonne attitude. Peut-être aimez-vous déjà vraiment quelqu'un, vos enfants, par exemple. Voyez Dieu, l'Essence Divine en eux. Voyez dans votre enfant quelque chose que vous n'avez peut-être pas en vous, et laissez-lui savoir qu'il vous apprend quelque chose. Alors cet enfant se sentira réellement aimé et respecté.

Si vous possédez cette qualité d'amour, que vous manque-t-il ? Que pouvez-vous perdre ? L'amour est la seule chose qui manque dans la vie. Nous allons de relation en relation pour trouver cette personne qui nous amène à nous transcender nous-même. Quand on a appris l'art de la relation, on est toujours satisfait.

Peu importe qui vous rencontrez, vous êtes relié à cette personne d'une manière mystique, même si l'autre ne le sait pas toujours. Quelle que soit la personne avec qui vous êtes en relation, soyez patient. Dites-lui votre reconnaissance et dites-lui ce qu'elle vous a permis d'apprendre. Ne craignez pas que l'autre devienne présomptueux. Quand vous ouvrez votre cœur à une attitude de gratitude, à une attitude d'apprentissage, vous vous élevez et vous élevez l'autre aussi. Chacun de nous possède une étincelle Divine, une qualité particulière. Quand vous vous focalisez sur cette qualité, vous renforcez la confiance de l'autre ; vous lui rappelez son potentiel Divin ; vous stimulez l'autre à oser être lui-même. C'est ainsi que l'on apprend à être confiant et sûr de soi.

Quand vous commencez à expérimenter la mélodie de l'amour, vous me regardez dans les yeux, je vous regarde dans les yeux, et nous sommes en relation. Nous sommes ici, nous sommes capables d'aller là-bas ; mais avant de pouvoir y arriver, nous devons avoir confiance en le flux de la vie. Ne commencez pas le voyage en blâmant. Commencez le voyage en étant reconnaissant.

# LA FLATTERIE

Le feed-back réciproque est important pour la qualité de la relation. On pense parfois qu'il ne s'agit que de flatterie, et qu'il ne faut pas flatter; mais même la flatterie – que l'on peut aussi qualifier de «compliments» – peut être importante et belle dans la relation. Il est mal de flatter pour pouvoir ensuite profiter déloyalement de quelqu'un, mais si l'on flatte avec un cœur pur, il n'y a rien de mieux que la flatterie.

Toute prière à Dieu, toute dévotion est flatterie: «Comme Tu es merveilleux, comme Tu es beau et miséricordieux; Tu souris par les fleurs, Tu voles par les oiseaux et Tu mugis par l'océan.» Ne s'agit-il pas de flatterie? Nous sommes encouragés à nous flatter l'un l'autre pour être capables d'apprendre à nous réconforter l'un l'autre.

Dieu n'a cure de notre flatterie. Vous Lui offrez tout, à Lui ou à Elle qui n'en a cure, mais à quelqu'un pour qui cela compte vraiment, vous n'offrez jamais rien. Nous prions ou flattons Dieu afin de pouvoir apprendre à nous flatter l'un l'autre de façon saine: «Comme tes yeux sont beaux. Je ne t'avais jamais regardé dans les yeux jusqu'ici. Magnifique.» Nous avons besoin de feed-back.

Les enfants sont souvent négligés quand les deux parents travaillent. Les enfants ont besoin d'un amour et d'un feed-back particuliers. Traitez vos enfants comme s'ils étaient la plus douce expression de Dieu dans votre vie et

comme s'ils y étaient venus pour vous bénir. Nous les
traitons parfois comme des fardeaux que nous devons supporter parce que nous sommes incapables de nous en débarrasser. Célébrez la venue de vos enfants dans votre vie : ils
sont venus vous ouvrir le cœur. Si vous les traitez avec tendresse et les aimez d'un cœur ouvert et confiant, vous connaîtrez une expérience Divine.

# LES LETTRES DE L'AMOUR

En Inde, on n'envoie pas les enfants se coucher juste parce qu'il est huit heures du soir. Quand il est temps pour l'enfant de se coucher, quelqu'un de la famille l'accompagne au lit. Quand l'enfant s'endort, la personne quitte le lit. Voyez le feed-back qui a été donné. Quand l'enfant grandira, qu'éprouvera-t-il pour des parents qui ont été si généreux et qui l'ont tant aidé?

Je me rappelle les paroles de Kabir: «Beaucoup d'élèves dans le monde étudient constamment les écritures, mais aucun ne devient vraiment sage. Pour devenir sage, il faut apprendre deux lettres et demi: *"Prem"*.» En hindi, pour écrire «prem», qui signifie «amour», il faut deux lettres et demi. Kabir dit qu'une personne, pour devenir sage, n'a besoin que d'apprendre les lettres de l'amour. En français, nous avons cinq lettres: a -m -o -u -r. Combien de temps y consacrons-nous?

Beaucoup se plaignent que leurs parents ne les ont pas aimés. Cela n'a pas de sens de se plaindre de ses parents. Ils ont peut-être été victimes des situations dans lesquelles ils se trouvaient et n'ont peut-être pas reçu de bons feed-back dans leur propre enfance. Il y a quelque chose de merveilleux à être un bon parent. Aimeriez-vous être un parent dont les enfants pourraient se sentir fiers? Quand vous serez vieux et moins indispensable, ils se sentiront toujours attirés par vous, comme s'ils étaient charmés par l'énergie Divine, l'amour et la joie.

Si nous pouvions changer le tableau et devenir des parents merveilleux, nous en éprouverions un sentiment d'élévation morale, et notre jeune génération aussi. Combien de temps passons-nous avec nos enfants ? Nous passons du temps devant la télévision, avec nos petites amies et nos petits amis ; nous passons du temps à gagner de l'argent. Nous vivons déjà dans une assez grande abondance, mes amis. Il est temps pour nous maintenant de travailler notre amour et notre désintéressement.

Beaucoup de gens adorent méditer, assister à des séminaires, participer à des retraites. Vous vous précipitez vers une grotte et méditez, non parce que vous avez vraiment le souci de Dieu mais parce que vous êtes encore incapable de voir Dieu dans la vie quotidienne, dans votre épouse, dans votre enfant, dans votre petit chien. Dieu est partout. Dieu est en moi, Dieu est en vous. N'êtes-vous pas capable de faire l'expérience de Dieu rien qu'en fermant les yeux ?

Quand vous appréciez quelqu'un avec tendresse, amour et joie, non seulement vous aidez la personne que vous appréciez et flattez, mais vous vous aidez vous-même par la même occasion. Vous devenez heureux en rendant quelqu'un heureux. Il est possible que vous vous perdiez dans la beauté de l'expérience. Au bout du compte, se perdre est la seule véritable expérience mystique.

# SE PERDRE ET SE TROUVER

Il existe deux façons de se perdre : soit dans les activités compulsives, soit dans la conscience de l'être. « Se perdre » veut dire que cet esprit égocentrique, conscient du corps, n'a plus conscience de ses limites. Comme s'il y avait un perroquet dans une cage et que, pendant un moment, vous le libériez et le laissiez voler dans la pièce. Le perroquet est ravi. « Fantastique ! » Puis il revient dans sa cage, mais il a expérimenté l'immensité de l'être.

Quand vous tâchez de plaire à quelqu'un et que vous vous préoccupez de lui, votre esprit-perroquet sort de sa cage de frontières et de limites physiques. N'hésitez jamais à dire quelque chose de doux à votre amour. Si vous cherchez un amour, commencez par trouver quelque chose de beau en lui et concentrez-vous sur cette beauté. Ne cessez de répéter : « Oh la la ! que tu es merveilleux ! » La personne dira peut-être que c'est vous qui êtes merveilleux. Trouver la beauté l'un de l'autre et se faire des compliments se transforme en amour réciproque et crée une fenêtre à travers laquelle vous expérimentez l'unité mystique, Divine.

Ramakrishna Paramahansa a été l'un des grands mystiques des temps modernes. Il était un adorateur de Mère Kali. Il y avait, dans un temple, une statue de Kali qu'il adorait. Il trouva l'illumination en adorant cette statue. Ramakrishna était capable de ressentir la pulsion de Kali, non seulement dans son corps, mais dans les fleurs, les oiseaux, les murs et dans tout ce qui l'entourait. Il devait commencer par se concentrer, s'abandonner ; il devait être total dans sa conscience et sa dévotion. Sa fidélité envers cette statue devait être absolue. Quand il maîtrisa cet art, la statue devint pour lui vivante et Divine ; et la même chose est possible dans les relations humaines. Il est possible de réaliser le Divin dans la pureté d'une relation.

Quand vous partagez avec quelqu'un, quand vous êtes sensible à lui et quand vous expérimentez une estime réciproque, votre vie devient plus agréable et vous développez un sentiment de fidélité. Comment l'autre, si vous êtes éparpillé et distrait, peut-il vous être toujours fidèle ? Plus vous êtes sensible, reconnaissant et dévoué, plus votre relation brille.

# L'ATTITUDE

Nous nous jugeons constamment les uns les autres: elle n'est pas jolie, il n'est pas productif, elle n'est pas intelligente, il n'a pas d'humour, elle n'est pas créatrice, il n'est pas généreux, etc. Nous continuerons toujours de grogner un peu les uns contre les autres, parce que c'est notre nature humaine; mais il faut que nous devenions conscients de cette habitude et que nous ne nous permettions pas d'en être victimes. Nous oublions que chacun de nous a ses limites, et les limites de l'autre ne sont pas son problème à lui mais notre problème. Pourquoi? Parce que nous attendons de l'autre autre chose que ce qu'il peut offrir.

Ne demandez pas à un prunier de produire des bananes; comment le pourrait-il? Si vous en éprouvez du ressentiment, c'est votre problème, non celui du prunier. Quelques-uns d'entre nous sont comme des pruniers, d'autres comme des bananiers ou des pommiers. Chacun de nous a quelque chose de spécial et d'unique à offrir. Vous vous sentez blessé et contrarié uniquement parce que vous attendez de l'autre quelque chose qu'il est incapable de vous donner. N'attendons rien; acceptons d'un cœur reconnaissant, rempli d'admiration, ce que les autres sont capables de nous offrir.

Malgré toute votre sincérité et toutes vos précautions, il peut arriver que les choses ne marchent pas. Certaines relations deviennent tellement embrouillées que vous ne ressentez plus la fraîcheur du début et l'enthousiasme de grandir ensemble. Il faut prendre garde de laisser toujours votre harmonie, votre créativité et votre liberté croître. Si elles ne se développent pas, quelque chose cloche dans votre relation. Si vous ne croissez pas et persistez pourtant dans cette relation, elle pourrait devenir explosive. Avant qu'elle n'explose, mieux vaut partager objectivement et franchement vos sentiments avec votre partenaire. Les fenêtres de la communication ont peut-être été fermées trop longtemps et vous avez besoin d'air frais. Si vous partagez avec l'autre, dans l'amour et la paix, avant qu'une situation ne devienne trop grave, il est possible que vous vous rendiez compte que votre partenaire est également ouvert aux changements.

Malgré tout, il y a parfois des limites. Un jour que je méditais en Californie, un petit chien me sauta soudain sur les genoux. Il me dérangeait et je le chassai. Puis je me sentis dérangé parce que j'étais là, en harmonie avec la Conscience Cosmique et, par l'intermédiaire du petit chien, la Conscience Cosmique voulait me témoigner de l'amour et de la reconnaissance. Je me dis que je n'aurais pas dû me comporter aussi durement; aussi, je renonçai à ma méditation et tentai d'être gentil, amical avec le petit animal. Une demi-heure plus tard, je méditais dans la position du poirier. Le chiot revint et se mit à me lécher la bouche. C'était trop. Nous devons admettre nos limites. Nous devons être accommodants et ouverts, mais quand les choses dépassent certaines bornes, nous pouvons dire: «Ça suffit. »

# L'AUTODISCIPLINE

Quand vous prenez conscience que vous cherchez vraiment la liberté, la créativité et l'harmonie, vous alimentez sainement votre relation. Mais au préalable, il faut que votre relation avec vous-même soit saine. Même avec le meilleur partenaire, il est possible que ce soit vous, dans la relation, qui apportiez votre insécurité, votre égoïsme ou votre jalousie. Il se peut que vous ne vous rendiez pas compte que ce n'est pas l'autre qui crée les problèmes ; c'est vous. Comment savoir que la relation avec soi-même est saine ? Il y a lieu de développer un sens d'autodiscipline. Si vous mangez trop, dormez trop, buvez trop ou fumez trop, vous vous sentirez mal à propos de vous-même, même si vous vivez au paradis. Même avec de beaux cheveux bouclés, si vous avez des poux, vous souffrirez de démangeaisons. Les mauvaises habitudes continueront de vous harceler comme un mal de dents.

La seule façon de se débarrasser des idées noires et des patterns négatifs est d'adopter un style de vie sain. Pour cela, vous devez manger convenablement, dormir convenablement, et si vous avez l'habitude de fumer ou de boire, contrôlez-vous ou modérez-vous. Faites un peu d'exercice. Vous vous brossez les dents tous les jours parce que vous savez, si vous ne le faites pas, que les conséquences seront désastreuses. De façon similaire, vous devez consacrer du temps à vos exercices. Si vous n'êtes pas heureux de vous-même, rien ne marchera, même avec le meilleur amant, les plus merveilleux parents ou les enfants les plus angéliques. Je n'ai pas trouvé jusqu'à présent de moyen de rendre l'autodiscipline agréable, mais si vous acceptez qu'elle peut ne pas être agréable et que vous vous y soumettez quand même, vous vous sentez victorieux.

# Le temps

Assurez-vous de vous réserver beaucoup de temps pour vous-même. Je ne veux pas dire qu'il faut vous imposer cinq ou six heures de méditation, mais réservez-vous amplement de temps pour tout ce qui vous permet d'atteindre à la plénitude. Si vous êtes capable d'atteindre à la plénitude dans un jardin quand les oiseaux gazouillent, prenez le temps de vous asseoir dans ce jardin. C'est une méditation pour vous; mais ne vous leurrez pas, vous ne continuerez pas indéfiniment d'en tirer plaisir. Peu importe ce dont vous tirez plaisir ou à quel point vous en tirez plaisir, vous apprécierez le changement.

Il n'est pas nécessaire de vous ménager plus d'une heure ou deux juste pour vous. Plus tard, pendant que vous ferez ce que vous avez à faire, vous ne vous sentirez pas dépossédé. Vous aurez un sentiment de plénitude: «Maintenant, je suis ouvert à ce que je fais.» Nous nous engageons rarement totalement dans ce que nous faisons parce que nous ne nous allouons pas assez de temps pour expérimenter la plénitude. Ne vous trompez pas vous-même. Ne vous dites pas: «Je suis un grand philanthrope, une femme merveilleuse, un mari, un professeur, un docteur formidables, et je n'ai donc pas le temps d'être moi-même parce que je sers les autres.» Vous aiderez plus les autres en restant branché sur votre espace de plénitude. Nous courons parce que nous voulons combler le vide dans notre cœur. Si j'étais capable de préserver mon espace de plénitude, je n'aurais pas à parler et ma seule présence vous serait plus bénéfique.

Quand vous parlez, examinez si c'est la compassion qui vous motive, ou le vide parce que vous voulez obtenir quelque chose de l'extérieur. Il n'y a rien de mal à admettre le vide en vous. Nous nous sentons tous vides. C'est pourquoi nous partageons, communiquons et avons besoin de relations; mais n'ignorez pas la plénitude et l'intégrité en vous. Laissez votre compassion couler de là.

Quand vous prenez une douche, ne vous dépêchez pas. Cette précipitation est très mauvaise. S'il vous est impossible de prendre une douche de cinq minutes, prenez-en une de deux minutes et réalisez que vous avez cent vingt secondes. Visualisez la quantité de gouttes d'amour Divin et de grâce qui tombent sur votre tête et vos épaules pendant ces cent vingt secondes. Ce n'est pas la longueur du temps ni l'endroit ou la situation qui déterminent le caractère mystique d'une expérience, mais bien l'intensité de votre émerveillement. Plus vous abordez les choses avec cette attitude d'émerveillement, plus vous atteignez un espace de béatitude et d'unité transcendantale. Il n'est pas nécessaire de vivre une relation, de méditer ou de se discipliner pour savoir à quel point vous êtes merveilleux. Il suffit parfois simplement de prendre une douche, et le miracle se produit.

# MANGER ET MÉDITER

Ce soir au souper, j'ai fermé les yeux et j'ai savouré la nourriture. Je me suis souvenu que les personnes plus âgées me disaient quand j'étais petit garçon : « La nourriture est un don du Seigneur – quand tu manges, savoure-la de tout ton cœur. » À l'époque, je pensais que cette jolie philosophie n'avait d'autre but que de me garder tranquille pendant le temps du repas. Mais en vieillissant, je me suis rendu compte à quel point elle était belle. Maintenant, chaque fois que je mange, je suis persuadé que manger est une forme agréable de méditation.

Si je ne tire pas plaisir de ce que je mange, je me sens le ventre plein, mais toute la journée j'ai l'impression qu'il me manque quelque chose. C'est que, malgré l'expérience de manger, mon esprit n'a pas atteint la saveur de l'unicité et de la joie. Mon esprit ne recherche pas la nourriture ; il recherche la saveur de l'unicité et de la joie. Je n'aime pas la nourriture, vous n'aimez pas la nourriture, mais nous aimons tous la joie et l'unicité. Nous essayons tous de nous tromper les uns les autres en nous disant : « Je t'aime. » Nous ne nous aimons pas, nous aimons la joie. Qu'il me soit permis d'expérimenter cette joie soit en donnant, soit en recevant. Vishakha recevait. Lalita recevait et donnait, et Radha ne faisait que donner. Chacune expérimentait la joie. Nous donnons ou recevons, et ainsi nous nous aimons les uns les autres, mais juste pour expérimenter cette joie.

Les relations ne servent qu'à nous ouvrir à la grâce de Dieu. Quand vous êtes ouvert et entier, vous montrez votre amour et votre admiration à vos amis, à vos parents et même à des étrangers. Quelque part dans cette célébration, vous transcendez votre conscience individuelle et vous réalisez que Dieu vous étreint de partout.

# LE BUT DES RELATIONS

Une relation vous oblige à agir et à vous comporter de telle façon qu'en bout de ligne vous puissiez réaliser votre être pur. Que faut-il faire pour être soi-même ? Il faut commencer par avoir confiance, puis passer au partage, et ultimement à l'être. Pouvez-vous faire quelque chose pour être vous-même ? Faire est nécessaire uniquement pour devenir, pas pour être.

Quand vous renoncez aux fantasmes concernant le devenir, vous vous rendez compte qu'être est ici et maintenant. Vous ne parvenez pas à réaliser que vous êtes Divin ici et maintenant parce que vous ne vous acceptez pas, parce que vous ne vous estimez pas et parce que vous n'avez pas assez conscience de vous-même. Pourtant, vous êtes indépendant de vos culpabilités, de vos peurs et de vos fantasmes. Ils sont tous des surimpressions sur votre Essence Divine. Quand vous perdez contact avec vous-même, ces surimpressions vous submergent ; mais quand vous vous autorisez à être vous-même et à vous saturer de conscience, vous vous transcendez dans votre Moi universel, dans lequel il n'y a ni culpabilités ni peurs ni fantasmes, mais simplement la pulsation, entièrement Divine, de la paix et de la joie.

Quand vous ouvrez votre cœur, vous vous élevez et vous élevez tous ceux qui entrent dans votre vie. Quand vous expérimentez cela, vous regardez dans mes yeux, je regarde dans vos yeux et nous sommes reliés. Plus vous partagez, plus vous brisez les frontières de l'ego.

Montrez votre confiance ; apprenez à avoir confiance en quelqu'un. Trouvez ce en quoi vous pouvez avoir confiance, ce en quoi vous avez déjà confiance. Dans quelque coin doux, pur à l'intérieur de chacun de nous, se trouve une zone sensible à l'amour et à l'affection. Plus vous en êtes conscient, plus vous vous sentez stimulé à atteindre des dimensions plus hautes en transcendant toutes les limitations. C'est cela que vous explorez et auquel vous aspirez à travers toute relation – avec vous-même, avec les autres et avec Dieu. Célébrez votre plénitude, votre unicité. Laissez-y toutes relations se fondre.

# Soyez content
## de vous sentir coupable

J'aimerais que vous puissiez déverser votre peur et votre culpabilité sur moi – mais comme vous êtes sérieux et dévoué, vous ne le ferez pas. C'est à cause de cette timidité et de cette hésitation que vous charriez tous ces immondices et que vous ne les déversez pas tous sur Dieu. Si vous n'offrez à Dieu que ce que vous avez de bon – votre méditation et vos prières –, où déverserez-vous votre culpabilité et votre peur ? Ou bien brûlez-les dans le feu de la sagesse ou bien soyez assez humble pour vous en débarrasser quelque part. Pendant combien de temps continuerez-vous à les cacher ?

Ce matin j'ai fait ma toilette, puis j'ai pris l'autoroute et je suis allé dans un grand conservatoire, puis au restaurant. Au conservatoire, j'ai commencé à me sentir coupable. J'y ai vu la plus douce statue de bouddha et j'ai pensé : « Oh, mon Dieu, si je pouvais lui ressembler. Aujourd'hui j'ai trop mangé ; je n'ai même pas pu contrôler ma langue, et voici le doux Bouddha avec Son sourire éternel de paix et de quiétude. » Je commençai donc à me sentir coupable.

Plus tard, mon hôte me déposa près de la voie rapide, et je pris le temps de flâner un peu, mais je me rendis compte bientôt que je n'avais pas son numéro de téléphone et pas non plus le moindre sou. Et s'il avait un accident ? Comment expliquer aux gens qui j'étais et où j'avais besoin d'aller. Je me mis donc à avoir peur aussi. Je passai par toute la gamme des émotions. En même temps que je me sentais coupable et que j'avais peur, je pensais: « Ce soir, je dois donner une conférence et comment vais-je me débarrasser de la culpabilité et de la peur ? »

De retour à la maison, on sonna la cloche pour annoncer le lunch. J'arrivai à table une ou deux minutes en retard et les autres durent donc recommencer les prières. Je devins très impatient. Je leur dis: « Quand je suis à table, je veux recevoir à manger tout de suite. » Ils servaient les assiettes les unes après les autres. Quand je reçus la mienne, je ne me souciai plus de personne.

Une de mes amies décrivait certaines de ses faiblesses. Je lui dis que moi aussi je travaillais continuellement et fidèlement sur moi-même. « L'impatience est mon plus grand défaut, lui dis-je. Je suis très impatient. J'ai une grande vertu aussi, lui dis-je. Je suis patient avec mon impatience. »

Quand on est capable d'accepter patiemment son impatience, où est le problème ? Je me sentais coupable d'avoir trop mangé. J'allais digérer, c'est tout. J'avais eu peur sur la voie rapide, mais maintenant j'étais détendu. Où est le problème ?

Ces sentiments-là sont très normaux. Ils ne sont pas négatifs. Sans eux, vous ne croissez pas. Ils vous aident à croître. Si vous ne vous sentez pas coupable, aurez-vous le souci de vous améliorer ? Vous serez heureux d'être comme vous êtes. Remerciez Dieu de vous sentir coupable. La douleur de savoir: « J'aurais pu faire mieux », et votre détermination: « Je ferai mieux », voilà les forces qui vous stimulent à croître. Remerciez-vous de vous sentir coupable. C'est la preuve que vous pouvez croître et faire mieux.

Il en va de même de la peur. Si vous n'aviez pas un peu peur, auriez-vous le souci de vous éduquer ? Grâce à la peur, vous apprenez à réguler votre vie. Si vous n'aviez pas peur, vous voleriez et feriez beaucoup de choses stupides. Remercions Dieu d'avoir peur, autrement nous serions pires que des bêtes. La civilisation est fondée sur cette peur. S'ils n'avaient pas peur, combien de gens agiraient comme ils agissent maintenant? Remerciez votre peur, remerciez votre culpabilité et ne vous faites pas de souci.

Vous avez beaucoup de difficulté à être heureux parce que vous attendez que quelque chose de grand se produise dans votre vie. Comment et quand ce grand événement se produira-t-il? Vous êtes intelligent et fervent, mais vous pensez qu'à un moment donné quelque part vous pousserez ce merveilleux: «Ahhhhhh». Notre Essence Divine dépend-elle d'un lieu, d'un moment et d'une situation particulière? Et si ce moment était maintenant, tout de suite? Et si ce lieu était ici? Et si vous tiriez plaisir de votre situation présente?

Si vous me dites: «Je ne ressens ni la béatitude Divine ni la paix ni la liberté que je veux ressentir», alors je vous demanderai: «En êtes-vous certain?» Plus vous en êtes certain, plus vous êtes lucide. Plus vous êtes lucide, plus vous savez s'il vous est possible ou non de faire quelque chose, si vous pouvez ou non vous accepter vous-même, si vous êtes vraiment bloqué ou si vous vous contentez de jouer le jeu d'être bloqué. Soyez certain.

# LES IMAGES

Il y a deux sortes de pensée : la pensée volontaire et la pensée involontaire. Ne vous sentez pas coupable de vos pensées involontaires. Ces pensées-là ne font que voler dans l'espace : elles viennent et elles s'en vont ; vous êtes en train de relaxer simplement, vous ne les cherchez pas. Quand vous apprenez à faire la différence entre la pensée volontaire et la pensée involontaire, vous atteignez cet espace de relaxation dans lequel vous vous détachez vous-même des pensées et du fait de penser. Quand vous vous êtes détaché des pensées et du fait de penser, qu'est-ce que la culpabilité ? Qu'est-ce que la peur ?

# BRISEZ VOUS-MÊME
## VOTRE IMAGE

Il est très important, pour être capable de partager de manière désintéressée, de se débarrasser de la culpabilité et de la peur. Chaque fois que vous partagez de manière désintéressée, le fortifiant de l'amour guérit toutes les blessures causées par la culpabilité et la peur. Vous expérimentez le fait d'être dans une dimension nouvelle de l'unicité. Quand on crée cette mélodie de l'amour, on oublie sa personnalité individuelle.

La peur est une fixation à la sécurité. Vous voulez être sûr que votre ami(e), votre mari ou votre femme ne vous quittera pas. Vous voulez être sûr de rester jeune et d'avoir assez d'argent pour vos vieux jours. Il n'y a rien de mal à planifier ni à posséder de l'argent ou à vivre une belle relation mais ces mesures de sécurité que vous mettez en place ne vous apportent pas la sécurité que vous recherchez. Même si votre femme est très belle, gardera-t-elle sa beauté passé soixante ans ?

Nous n'avons pas d'autre choix que de nous tourner vers une dimension différente de la vie – une dimension où l'amour, la beauté et la sérénité restent à jamais intacts. Pour y arriver, nous devons entrer en contact avec notre conscience plus profonde qui se situe par-delà la culpabilité et la peur. Si vous vous défaites de vos peurs concernant l'avenir et de vos culpabilités concernant le passé, que reste-t-il? La sérénité. Mais vous êtes rarement sensible à cet espace d'innocence et de douceur. Pourtant, c'est uniquement dans cet espace que vous pouvez vous rendre compte que la culpabilité et la peur font partie d'un rêve. Maintenant le rêve est terminé; vous êtes dans un espace de liberté.

La culpabilité et la peur naissent d'une conviction concernant vous-même que vous avez acceptée. Personne d'entre nous n'est vraiment coupable, personne d'entre nous n'a vraiment peur, mais tous, nous avons accepté cette image de nous-mêmes. Votre nez est-il coupable? Vos oreilles ou vos lèvres ont-elles peur? Qu'y a-t-il en vous qui a peur et qui se sent coupable? Il ne s'agit que d'une image que vous vous êtes créée. Posez-vous la question: «Cette image est-elle réelle?»

Qu'attendez-vous de vous-même? Vous avez peur parce que vous ne voulez pas que quelqu'un découvre certains actes que vous avez commis. Nous avons tous fait des choses stupides dans la vie, et nous essayons de les camoufler de notre mieux. Que perdrais-je si vous connaissiez tous mes secrets? L'image simplement que je voulais projeter dans votre conscience. Quand vous apprenez à briser vous-même votre image, vous cessez d'avoir peur.

Tous les saints n'ont pas été doux, généreux, bons, aimables et rigoristes. Ils étaient parfois très fantasques. Durvasa se mettait souvent en colère. Ramakrishna Paramahansa n'a jamais renoncé à son tabac, Swami Vivekananda fumait le cigare. Pourtant, ils étaient des maîtres éclairés.

Il ne s'agit pas de défendre ses faiblesses en disant: «Bon, si ces grands maîtres avaient leurs faiblesses, je peux à coup sûr avoir les miennes.» Je pense personnellement que vous pouvez réaliser votre Divinité en dépit de vos faiblesses. Il n'y a rien de mal à essayer de se débarrasser de ses faiblesses, mais n'allez pas croire qu'il faille vous en libérer avant d'être capable de réaliser votre Divinité. Voilà le point crucial. Vous vous êtes tendu un piège : vous vous êtes dit que vous n'y parviendriez pas, à moins de vous libérer de vos problèmes. C'est un non-sens.

Supposez que la pièce soit plongée dans l'obscurité complète. Vous venez de l'extérieur et vous trébuchez contre un meuble. Vous pensez peut-être : « Je veux la lumière, mais la lumière Divine ne visite que les saintes pièces où tout est en ordre. » Vous commencez donc à tout ranger et quand vous estimez que tout est en ordre, vous attendez la lumière jusqu'à l'aube. Croyez-vous vraiment que quelqu'un peut remettre une pièce en ordre dans le noir ? Tant qu'il n'y a pas de lumière, il faut accepter un peu de désordre. Vous pensez que vous devez devenir parfaitement pur, saint, intégré, contemplatif et généreux avant que la lumière Divine, la grâce de Dieu, ne brille sur votre vie. Vous pensez ne pas mériter cette lumière parce que votre vie n'est pas intégrée ; mais c'est *précisément* pourquoi vous la méritez. Tant que cette lumière est absente, vous êtes incapable d'intégrer votre vie. Le plus vilain tour que l'esprit puisse jouer consiste à continuer à retarder la lumière ou la grâce Divine en se servant de l'excuse : « Je ne suis pas prêt. » Dès l'instant où vous vous acceptez avec toute votre corruption, cette lumière vous est accessible. Il s'agit simplement d'amener l'esprit à admettre et à comprendre que vous êtes correct dès à présent. Si l'esprit accepte, l'esprit commence à perdre son identité. Il lui est impossible de survivre sans une certaine confusion, sans combat, sans quelque chose sur quoi travailler. Si vous n'avez rien sur quoi travailler, ou bien vous dormez ou bien vous vous dissolvez dans la conscience Divine.

Supposez que vous avez atteint le sommet : vous possédez des millions de dollars et vous avez toutes les belles filles ou les beaux garçons que vous voulez ; vous êtes donc finalement satisfait. Une fois satisfait, toutes vos culpabilités et vos peurs disparaissent.

Maintenant que fera l'esprit? Imaginez-vous que votre esprit ne fera rien?

Votre esprit continuera de créer la culpabilité et la peur: «J'ai tout ce qu'il faut – mais je ne suis pas encore comme saint François; je ne suis pas comme Jésus; je suis incapable de guérir; je suis incapable de ressusciter les morts.» L'esprit créera quelque chose. S'il ne crée pas, il atteint son Essence Divine. En créant la culpabilité et la peur, qui ne sont que circonstances temporaires, vous empêchez cette expérience Divine. Dès que votre esprit accepte, il perd son individualité et se fond dans l'Être universel.

# PRENDRE CONSCIENCE
## DE LA CONSCIENCE

Quand vous entrez véritablement en contact avec vous-même, vous vous acceptez, mais de façon inconsciente. Vous vous acceptez chaque fois que vous avez soif et que vous prenez un verre d'eau. À ce moment-là, vous oubliez la peur et la culpabilité, vous oubliez que vous ne possédez pas un million de dollars ou que vous n'avez pas d'ami(e). Vous oubliez même Dieu. Quand vous vous acceptez, vous trouvez que tout dans la vie est agréable, mais vous acceptez sans en avoir conscience.

Je veux que vous acceptiez *consciemment*. Le plus grand art dans la vie consiste à faire consciemment ce que vous faisiez d'habitude inconsciemment. Toutes les disciplines spirituelles sont conçues pour éveiller votre conscience. Il faut être conscient parce que la conscience, peu importe ce dont vous êtes conscient, n'est qu'un véhicule pour amener votre conscience à la conscience elle-même. C'est uniquement dans la conscience que vous trouverez votre réelle beauté, votre réelle liberté, votre réelle Divinité ou vos plus formidables fantasmes. Quand vous maintenez cette conscience, elle revêt un caractère miraculeux. Il n'y a rien à faire. Quand vous mettez de l'eau dans un four, l'eau commence à s'évaporer. Quand vous êtes conscient, toutes les peurs, tous les fantasmes et toutes les culpabilités s'évaporent. Rien ne subsiste, sauf la conscience.

*Ce que vous expérimentez importe peu. Seule votre conscience de l'expérience importe.*

La plupart d'entre nous, pendant qu'ils expérimentent les expériences, oublient de rester conscients. La manière habituelle de tirer plaisir de la vie est de s'oublier dans quelque activité agréable : « Oubliez-vous, perdez la conscience de vous-même. » Mais, en termes de spiritualité, on tire plus plaisir à maintenir la conscience de soi. Je suis conscient de votre présence. Je suis conscient de votre beauté. Je suis conscient de votre attention. Je suis conscient de mon calme. Je suis conscient d'être.

Quand la conscience et la paix se fondent, plus rien ne les distingue. Mais il faut commencer par les identifier, sinon vous perdez mémoire de la conscience, comme n'importe qui perd mémoire des films qu'il a vus ou de certains amis ou amies. Plus vous entrez en contact avec votre espace intérieur où n'existe ni plainte ni douleur ni insécurité, plus vous vous rendez compte que l'insécurité n'est qu'une pensée, une sensation temporaire. Dans cet espace intérieur, y a-t-il vraiment de la culpabilité et de la peur ? Alors, où sont-elles ? Déplacez votre esprit et elles s'en vont. Vous êtes bloqué dans vos images de culpabilité et de peur, et ce sont les religions, la société, les différents conditionnements qui ont placé ces images dans votre psyché.

# SE DÉFAIRE
# DES CONDITIONNEMENTS

Peu importe l'endroit où vous êtes né, il y avait là certaines coutumes, certaines traditions, certaines règles et certains règlements. Votre psyché d'enfant doit se développer en un lieu donné et sous certaines conditions; mais aucun conditionnement n'est idéal; et, par la suite, il faut se défaire de tout conditionnement. Il faut être capable de se tenir debout et de cesser de se plaindre. «Ma religion, mes parents, ma société m'ont fait subir ceci ou cela. » Et alors? Maintenant, c'est à vous seul de jouer, n'est-ce pas? C'est ça le but de la vie.

Même la langue que vous parlez est un conditionnement. Ce conditionnement permet de communiquer. La langue est un arrangement, un contrat grâce auquel nous pouvons nous saluer et interagir. Supposez que vous soyez chanteur. Je tirerai plaisir de votre chant et ne ferai pas de sermon pendant que vous chantez. Je me tairai et j'écouterai. C'est à votre tour de me faire plaisir; ensuite, c'est à mon tour de vous faire plaisir.

En Inde, nous ne mangeons généralement pas de viande. Si un swami mangeait de la viande, les gens penseraient: «Oh, mon Dieu, un homme religieux qui mange de la viande! » Pourtant, de nombreuses personnes dans le monde mangent de la viande sans aucun sentiment de culpabilité. C'est une question de conditionnement.

Si vous tuez quelqu'un, vous allez en prison ; si vous tuez cent personnes en combattant pour votre pays, vous recevez une décoration. Les gens diront que vous êtes un héros d'avoir tué tant de monde. Ceci aussi est un conditionnement.

Apprenez à être conscient de vous-même et remerciez la culpabilité et la peur quand elles entrent dans votre vie. Si elles n'y entraient jamais, vous ne vous demanderiez pas où vous êtes et, même vivant, vous seriez mort – « mort » dans le sens que vous ne seriez pas conscient d'être vivant même s'il vous arrive des choses plaisantes et réconfortantes.

Chaque fois que la douleur arrive, vous devez l'assumer. Si vous n'avez pas de douleur, c'est que vous êtes lancé dans quelque engagement ou plaisir frivoles et que vous n'êtes pas conscient de vous-même, ou bien c'est que vous êtes en train de dormir. Quand la douleur arrive, vous êtes ébranlé. Quand la douleur est trop forte, vous vous y perdez et perdez trace de votre conscience ; mais quand la douleur s'atténue, sachez clairement qu'elle s'atténue. C'est ça, être conscient. Quand vous ne vous sentez pas négatif, célébrez vos sentiments positifs, l'amour dans votre cœur. Toute douleur, tout problème vous rend plus vigilant, plus éveillé. Vous savez où vous êtes et vous pouvez poser la question : « Suis-je capable de me sentir mieux ? Puis-je expérimenter quelque chose de supérieur ? Y a-t-il un objectif plus haut dans la vie ? » Plus vous affrontez cette question, plus vous vous intégrez et plus vous maintenez la conscience de vous-même.

Votre esprit peut trouver temporairement le repos dans une agitation dépourvue de sens, ou bien un point focal peut lui être donné. Pendant la méditation, votre conscience est au repos. Savourez la vie dans votre quiétude. Au début, un point focal est impératif. Quand votre esprit se trouve dans ce point focal, célébrez éperdument ! Celui qui célèbre se perd dans la célébration, et ceci bouleverse tous les points de vue sur la vie. Vous avez alors une expérience Divine, l'illumination.

Tant que vous êtes là pour célébrer, continuez de célébrer. En célébrant, vous vous perdez dans la conscience Divine où n'existe pas la moindre trace de culpabilité ou de peur, pas la moindre trace d'individualité. Si vous voulez serrer la main à la conscience Divine, ne vous accrochez pas à votre individualité. Le moi séparé cherche la sécurité sans être disposé à se perdre lui-même. Lâchez prise. Gardez votre corps intact et alerte, mais laissez votre esprit flotter. Quand vous laissez votre esprit flotter, tous les doutes et toutes les questions se résolvent. Voulez-vous être ce type de mère qui serre son bébé si fort dans ses bras que le bébé étouffe ? Comme une bonne mère, veillez sur l'esprit de votre bébé, mais laissez-le libre. Vous avez répété des mantras, lu des livres, vous avez assisté à des conférences pour pouvoir éviter de vous regarder en face. Si je vous dis de tourner votre tête et de voir le soleil, quand vous le verrez, vous oublierez peut-être de me remercier, à cause de cette beauté que vous voyez dans le soleil lui-même. Qui le voit, le voit. Peu importe qui l'a vu le premier.

# Un peu de conscience suffit

L'idée qu'il faut « développer » sa conscience est une idée fausse. Jusqu'où la conscience devrait-elle s'étendre ? Vous créez ce problème à votre psyché en imaginant des noms qui n'existent pas. Supposez que je prenne du thé et un biscuit et que vous me demandez : « Swami, trouvez-vous que c'est bon ? »

Je réponds oui, puis je vous demande : « Puis-je me contenter de trouver que c'est bon simplement comme je trouve que c'est bon, ou faut-il que je trouve que c'est encore meilleur ? »

— Êtes-vous rassasié ou non ?

— Je me sens rassasié, je serais incapable de manger plus.

Pourquoi vous tracassez-vous de manger tout ce que contient le cosmos ? Si vous mangez tout, vous risquez d'en mourir. La question est de savoir si vous êtes rassasié ou non. Vous n'avez pas besoin de boire dix bouteilles pour vous enivrer. Si vous êtes ivre après un verre, ça suffit. La question n'est pas de savoir combien de verres vous buvez, mais si vous êtes ivre ou non.

Il n'est pas nécessaire d'avoir tellement de conscience. Un peu suffit. Vous pratiquez, autant que vous le pouvez, la conscience de la conscience. Tirez-en plaisir. Vous n'avez pas besoin d'être plus conscient que vous ne l'êtes. Quand vous acceptez votre conscience telle qu'elle est, un virage mystique se produit dans votre conscience et vous transcendez la conscience.

# LA MAÎTRISE DE SOI
## EST LE PLUS GRAND CADEAU

Vous devez être en contact avec vous-même pour pouvoir déterminer si la petite distraction que vous prenez est bonne finalement pour votre méditation ou si elle vous enlève votre énergie. Vous vous êtes convaincu que regarder un film vous éloignait de Dieu. Il se pourrait qu'en regardant ce film, vous vous rapprochiez davantage de Dieu. Peut-être regardez-vous trop la télévision et gaspillez-vous votre énergie – ou peut-être, vous autorisez-vous une petite distraction pour être capable de méditer plus sérieusement, d'être plus généreux et plus charitable. Il faut garder l'esprit ouvert et déterminer si le plaisir vaut la peine d'être poursuivi ou si, plus tard, il ne vous apportera que tristesse et angoisse.

Quand vous buvez consciemment et de propos délibéré, vous n'avez à en éprouver aucune culpabilité; mais quand vous buvez de façon compulsive et à l'excès, vous n'êtes plus maître de vous. Vous devenez victime de vos désirs et de vos émotions. C'est pourquoi vous vous sentez coupable. Le cadeau le plus durable de la vie est la maîtrise de soi. Quand vous êtes intégré dans votre propre lumière, vous savourez automatiquement la sérénité d'être. Dieu ne doit pas arriver de quelque part pour vous rendre heureux. Votre intégrité brille et exsude ce parfum Divin. Le parfum *vient* de la fleur; la fleur n'emprunte pas le parfum. La Divinité, cette liberté que vous cherchez, vient automatiquement de

124

l'intérieur de vous. Après, vous vous étonnerez : « Pourquoi étais-je aussi tendu ? » Si vous rêvez que vous êtes perdu dans la forêt, vous demandez-vous, une fois que vous êtes éveillé, pourquoi vous vous êtes perdu ? Une fois que vous êtes éveillé, vous écartez le rêve. Quand vous serez capable d'écarter la culpabilité, comme vous écartez les rêves, vous serez libre.

# ÉCARTER LE RÊVE

Quand, en rêve, vous vous perdez dans une forêt, à quelle distance êtes-vous de votre lit? Quand vous vous éveillez de ce rêve, consultez-vous des cartes pour ne plus jamais vous perdre ensuite dans aucun de vos rêves? Vous ne vous occupez pas de cartes parce que vous savez, même si vous vous perdez dans votre rêve, que vous n'êtes pas vraiment perdu; si vous rêvez que quelqu'un vous tue, vous n'êtes pas réellement mort. Vous savez, au cœur de votre être, qu'aucun rêve ne vous affecte. De la même façon, si quelque pensée ou quelque émotion négative vous bloque à l'occasion, vous apprenez à l'écarter, exactement comme vous avez appris à écarter vos rêves.

# ÊTRE EN SÉCURITÉ
# DANS L'INSÉCURITÉ

Il existe quelque chose que l'on appelle le Silence d'Or. Dans ce Silence d'Or, le cœur fleurit dans une Divine béatitude. Quand on se met à parler et à épiloguer sur le silence, il est impossible de l'expérimenter. Pour créer le Silence d'Or, il faut rester tranquille. Le silence est là. La plupart d'entre nous préfèrent être très actifs, performer, agir, mais que faire pour créer la quiétude ? Si nous croyons au faire, nous cessons simplement de parler. Nous pouvons faire du non-parler. Le silence s'installe lorsqu'on ferme la bouche ; de la même façon, la Sérénité s'installe quand on cesse de ressasser. Cessez de ressasser votre culpabilité, votre peur, le passé et l'avenir, et vous aurez la Sérénité.

Comment cesser de ressasser l'avenir quand l'avenir est tellement incertain ? Bon, mais connaissez-vous quelqu'un dont l'avenir ait été certain ? Jésus a été crucifié. Socrate a dû boire la ciguë. Gandhi a été assassiné. Mère Teresa n'a pas des millions de dollars en banque. Quelle a été leur sécurité ? Ceux qui ont atteint la sagesse se sentent en sécurité dans leur insécurité. Tant que vous n'êtes pas en sécurité dans votre insécurité, sachez que vous êtes une personne ordinaire. Quand vous êtes en sécurité dans votre insécurité, vous êtes une personne libérée.

Qui peut vous donner des garanties concernant votre santé, votre apparence physique ou votre partenaire ?

Êtes-vous capable même de vous donner une garantie concernant votre propre esprit? Vous vous sentez de telle
humeur le matin, de telle autre le midi et de telle autre
encore le soir. Êtes-vous capable de vous aimer vous-même
constamment? Si vous en êtes incapable, pouvez-vous vous
attendre à ce que votre femme, votre mari ou vos enfants
vous aiment constamment? L'esprit perd son temps. Le
corps se dégrade. Dès l'instant où vous vous sentez en sécurité malgré tout cela, vous êtes prêt pour l'illumination.

Vous imaginez qu'un jour vous serez établi dans la conscience Divine. Mais pour avoir la sensibilité humaine, la
capacité humaine d'amour, de compassion, de beauté, pour
pouvoir apprécier les fleurs, les oiseaux et les autres êtres,
votre esprit doit être comme il est – un peu tiré par ici, un
peu tiré par là. Quand vous oserez vous sentir en sécurité
malgré votre insécurité, alors vous serez prêt pour l'illumination.

# LA SÉRÉNITÉ
## EST À LA SALLE DE BAINS

La libération, c'est se libérer de la confusion. Supposez que vous aimez quelqu'un. Vous avez rencontré une belle fille ou un beau garçon, et vous en êtes tombé amoureux. Vous vous rendez à sa maison et vous frappez à la porte. Quelqu'un d'autre vous ouvre et vous dit que votre ami(e) est à la salle de bains. Qu'allez-vous faire? Allez-vous flirter avec la personne qui vous a ouvert? Ou vous contenterez-vous d'attendre? Il se peut que votre Sérénité bien-aimée soit à la salle de bains et que vous deviez attendre un peu. Mais vous êtes extrêmement impatient. Si vous l'aimez vraiment, vous allez attendre. Si vous flirtez, vous n'êtes pas prêt à connaître votre Sérénité bien-aimée.

Si tout le monde a trouvé la Sérénité, vous la trouverez aussi. La Sérénité est universelle, mais vous pensez que vous n'êtes pas assez saint pour la trouver. Que vous soyez saint ou non, que vous soyez vertueux ou pécheur – que vous soyez même un animal –, le soleil brille partout. Si le soleil ne fait aucune discrimination quand il distribue sa lumière, la lumière Divine fera-t-elle de la discrimination? Quand vous pensez que vous ne la méritez pas, c'est vous qui faites de la discrimination contre vous-même. Vous allez au lit chaque soir et vous vous attendez à vous endormir. Pensez-vous que vous ne méritez pas le sommeil parce que vous avez flirté avec quelqu'un? Seul le sentiment de votre peu de valeur vous prive de l'expérience de la Sérénité. Soyez simplement patient. La Sérénité est à la salle de bains.

# FAIRE,
## C'EST SE LEURRER SOI-MÊME

Vous voulez toujours faire de grandes choses. Mais faire est la meilleure façon de se leurrer soi-même. Qu'êtes-vous prêt à faire pour être vous-même ? Faudrait-il que vous méditiez plus ? Que vous fassiez le poirier, assistiez à plus de conférences, lisiez de saints livres ?

Soyez vous-même. Ne laissez pas les professeurs ou les livres vous embrouiller. Consolidez votre confiance en vous. Si Dieu, ou la Sérénité, ou l'Essence Divine, est une réalité, elle est en vous. Laissez-la se manifester à travers vous.

Vous pouvez faire des choses, mais uniquement pour obtenir des biens extérieurs. Vous pouvez faire des choses pour obtenir un travail, acheter une voiture, des vêtements. Sachez que vous agissez, non pour obtenir la Sérénité, mais pour combler votre besoin de confort et vos besoins matériels. Vous obtiendrez tout ce que vos mérites, votre intelligence, votre capacité, votre argent, etc. vous permettront d'obtenir. Mais la Sérénité peut-elle s'acheter ? Vos yeux doux, vos cadeaux peuvent-ils persuader ou charmer la Sérénité ? Pouvez-vous marchander avec la Sérénité ? Elle est pareille au Silence d'Or qui se manifeste quand on reste simplement silencieux et quand on ne parle pas. La Sérénité est toujours ici et maintenant.

Vous pensez peut-être: «Alors, je peux continuer à boire, à fumer et à avoir des aventures. » Mais est-ce être vous-même? Être vous-même signifie être conscient de vous-même tel que vous êtes, sans faire ni penser. Les actes, les pensées, les sentiments sont des ornements, des attributs qui vous sont imposés ou que vous avez choisis. Examinez si vous êtes capable d'être conscient de vous-même sans agir ni penser. Les pensées, les émotions, les sentiments sont passagers. La conscience est votre nature même. Quand vous êtes en contact avec votre conscience, vous êtes en contact avec votre Sérénité. Conscience, Sérénité, Divinité ne sont que des mots différents pour désigner une même chose – votre Être pur, universel. Mettez-vous en contact avec vous-même, et si votre Sérénité est à la salle de bains, attendez. (À moins que vous ne préfériez flirter avec ces filles et ces garçons que l'on appelle culpabilité, peur et fantasmes.)

# EXPÉRIMENTER L'UNICITÉ

Nous lisons des livres pour apprendre comment devenir saint, vertueux et pur. Les livres sont valables, exactement comme les vêtements sont valables, mais la santé du corps ne dépend pas des vêtements. Réaliser votre Sérénité ne dépend pas du rigorisme ou du non-rigorisme de vos attitudes. La Sérénité est, pour chacun de nous, une réalité de chaque instant. Quand vous vous mettez en contact avec la Sérénité, vous manifestez automatiquement une vie vertueuse parce que vous voyez mieux et parce que vous avez moins peur. Vous êtes plus amical et plus généreux parce que vous avez réalisé une dimension de conscience dans laquelle il n'y a aucune trace d'individualité. Toutes les choses et tous les êtres se sont fondus dans l'unicité. Qui est séparé de vous ?

Quand j'ai commencé mes conférences, je ne m'attendais pas à tomber amoureux de vous. Je ne faisais que flirter. Je ne savais pas que mon flirt me piégerait. C'est ainsi que cela commence dans la vie, alors soyez vigilant ! Quand on se procure un petit chien, on a beaucoup de mal les premiers jours à le dresser ; mais après une semaine ou deux, on l'aime tellement fort qu'on se sent mal soi-même quand il ne se sent pas bien. On ferait n'importe quoi pour le petit chien (ou le petit chat) comme s'il était devenu un prolongement de nous-mêmes.

Nous expérimentons l'unicité en nous dilatant par-delà les frontières normales de notre nature sensuelle. C'est ainsi que nous ressentons l'amour et qu'un petit chien ou un petit chat peuvent devenir des prolongements de nous-mêmes. C'est l'un des plus grands miracles de la vie. Quand vous commencez quelque chose avec de bonnes intentions, vous ne tomberez peut-être pas profondément amoureux au début, mais automatiquement vous ressentirez l'amour plus tard ; et quand vous le ressentirez, vous expérimenterez la vie dans une dimension plus haute.

Quand vous rendez quelqu'un heureux, vous vous rendez d'abord heureux vous-même. Si je veux mettre du parfum sur votre joue avec mon doigt, il faut d'abord que je l'apprécie sur moi-même. Suis-je capable de frotter du parfum sur votre corps s'il n'est pas d'abord sur le mien ? Simplement visualiser que je vais rendre quelqu'un heureux rend mon cœur heureux. Prenez le temps de libérer quelqu'un de sa culpabilité et de sa peur et vous apprécierez votre vie dans une dimension plus haute. Aimer et être au service de quelqu'un, peu importe le niveau de sagesse que l'on a atteint, est une expérience qui guérit l'ego – qui est l'instrument de l'expression et du partage. Sentez-vous toujours libre de partager vos expériences avec vos amis et laissez-leur savoir en quoi ils vont ont aidé. Nous ne nous fatiguons jamais d'être le point focal de l'attention et de l'amour. C'est magnifique de méditer, mais gardez toujours de la place dans votre vie pour certaines actions désintéressées, pour des mots doux, des compliments, et vous découvrirez que votre vie est pleine de beauté, d'amour et de Sérénité.

# VOTRE VIE REFLÈTE
# VOS CONVICTIONS

Si votre vie ne prouve pas que vous êtes capable de briller, d'aimer de façon désintéressée, comment voulez-vous parvenir à inspirer vos enfants qui cherchent en vous l'exemple à suivre.

— Auriez-vous la gentillesse de parler à mes enfants, m'a demandé une mère, un jour. Ils ne vont jamais au temple et ne fréquentent aucun lieu sacré. Pourtant, j'essaie de les persuader de s'ouvrir à ces bons enseignements.

J'étais d'accord de les rencontrer.

— Qu'étudiez-vous ? leur demandai-je. Quels sont vos objectifs ? Que pensez-vous de Dieu et de la quête spiri-tuelle ? Pourquoi n'avez-vous pas envie de fréquenter le temple ?

— Notre mère y va depuis dix ans, répondirent-ils, et nous ne voyons aucun changement dans sa personnalité. Elle est toujours aussi emportée. Si nous fréquentons ce temple, nous serons bloqués comme elle. Nous voulons croître. Nous ne voulons pas être bloqués. Si nous avions vu du changement en elle, cela nous aurait stimulés. Maintenant, dites-nous quoi faire. Devons-nous fréquenter cet endroit où nous savons que notre mère n'avance pas, ou bien faut-il que nous en trouvions un autre où nous pour-rons croître ?

Je rapportai leurs remarques à leur mère et lui demandai : « Comment réagissez-vous ? Au début, seul votre honneur était en jeu, maintenant le mien l'est aussi. Je leur ai parlé, et c'est ainsi qu'ils m'ont répondu. C'est un dilemme et un défi ! »

— C'est juste. Que suggérez-vous ? demanda la femme.

Je lui dis qu'il n'y avait qu'une possibilité : « Votre vie doit prouver que vous êtes capable de changer. Vos enfants se plaignent de votre caractère. Si vous pouvez prouver que vous êtes capable de contrôler votre colère, je serai capable de me présenter à nouveau devant vos enfants. Sinon, je ne veux plus d'autre invitation à me rendre chez vous. Je ne mérite plus d'y aller. »

Je partageai avec elle. Je lui expliquai que j'avais moi-même vécu cet enfer de la colère et lui donnai certains trucs. Elle fit des efforts sincères, et en moins d'un mois les changements dans sa vie furent tels que tous les membres de sa famille en étaient stupéfaits. Ils commencèrent automatiquement à aller tous au temple. Plus tard, je leur rendis visite et ils dirent : « C'est un miracle. Qu'avez-vous fait ? Comment avez-vous changé notre mère ? »

Nous méditons, nous fréquentons des églises et lisons des livres saints, mais si notre vie ne donne pas l'exemple de la paix, du calme, d'une sérénité, d'une liberté et d'un altruisme indiscutables, comment les autres, moins avancés que nous, se sentiraient-ils stimulés à apprendre ces choses ? Pour votre propre bien et pour le bien de vos enfants (même pour celui des adultes qui sont toujours des enfants à l'intérieur d'eux-mêmes), votre vie doit prouver vos convictions. Si vous vous contentez de « comprendre », vous ne consentez à aucun sacrifice personnel.

# LE DROIT D'ÊTRE DIVIN

Pour votre propre santé et votre propre bien-être, développez donc votre sens de l'autodiscipline. Et prenez le temps d'aider les autres. Ne vous en faites pas si l'on vous trouve stupide. Le jour où vous prenez conscience de votre stupidité, vous devenez sage.

L'esprit sera toujours stupide. Il faut un formidable courage pour prendre conscience de sa propre stupidité. Quand on prend conscience de la stupidité de son esprit, alors automatiquement la sagesse apparaît parce que l'on se rend compte qu'on n'est pas l'esprit. L'esprit traverse des hauts et des bas. Parfois, l'esprit aime, parfois il est amer, parfois il a peur, parfois il est lascif, parfois méditatif, parfois généreux, parfois mesquin. Est-il possible de bâtir son identité sur des assises aussi instables ? Dès que vous cessez de baser votre identité sur les fluctuations de votre esprit, vous êtes une personne libre. Et alors vous devenez spontané ; vous ne charriez pas une image du comportement que vous devriez avoir pour que les autres pensent que vous êtes très sage et très saint.

Si vous êtes marié, allez-vous tous les jours à l'église célébrer votre mariage ? Vous mariez-vous constamment et vous embrassez-vous sans cesse pour être certain d'être marié ? Guettez-vous constamment votre reflet dans le miroir pour être certain de ne pas avoir perdu votre visage ?

La manière de savoir ces choses simples est aussi la manière de savoir que vous êtes Divin. Quand vous êtes établi dans votre Sérénité, votre Divinité, vous êtes capable d'accepter les pensées fluctuantes, les désirs, les passions, les manies qui font surface dans l'espace de votre conscience. Quand vous acceptez, vous devenez joyeux.

Vous ne pouvez considérer le travail comme un jeu si vous êtes coincé dans vos attentes. Et si vous ne considérez pas votre travail comme un jeu, c'est que vous vous identifiez encore trop à votre image et à vos sentiments. Les grands maîtres accomplissent de grandes choses pour l'humanité et travaillent plus fort que vous et moi, mais ils sont capables d'agir dans la joie, avec un esprit ludique. Notre philosophie hindouiste dit que Dieu a créé ce monde par *Lila*, ludisme. Pourtant, vous vous sentez coupable dès que vous devenez ludique. Si vous aimez vraiment Dieu et si vous avez confiance en Lui, pourquoi ne Lui montreriez-vous pas, à Lui ou à Elle, votre loyauté en étant enthousiaste ?

Plus vous êtes totalement lucide quand vous entrez en contact avec vos sentiments, plus vous constatez que vous êtes libéré de toutes les entraves de la culpabilité, de la peur et de la stupidité. Vous êtes pure Essence Divine. Les grands maîtres nous ont enseigné que nous sommes capables d'entrer en contact avec le Maître en nous, nous sommes capables d'entrer en contact avec notre Divinité. Malgré tout, vous répétez constamment : « Non, non, non, pas moi, je ne le mérite pas. » Comprenez clairement qu'être Divin est votre premier et votre principal droit, et que vous êtes Divin maintenant, tout de suite. Si vous ne vous sentez pas Divin, examinez comment vous vous sentez et déterminez depuis quand.

Finalement, ayez de bonnes relations et de bonnes fréquentations. Il est très important de recevoir le bon feed-back. Quand vous fréquentez des joueurs, vous pensez au jeu. Quand vous passez devant un magasin d'alimentation, vous pensez nourriture. Vous avez la chance qu'un centre spirituel soit établi dans votre ville. Quand vous fréquentez un centre sacré, vous pensez automatiquement à votre conscience et au véritable but de la vie. Cela vous rappelle votre beauté intérieure, votre joie intérieure. Gardez contact avec cette communauté. Nous devons toujours rester en contact avec d'autres personnes, choisissez donc de rester en contact avec des gens aimants, altruistes et qui n'ont pas peur. Quelque chose alors cliquera en vous et vous mettra au défi de leur ressembler.

Lisez les biographies de mystiques, de maîtres, de grandes femmes car vous possédez vous aussi la même semence de Divinité. Quand vous lisez ces vies, quelque chose en vous bouillonne et vous vous posez la question : « Puis-je ressentir la même chose ? Puis-je être aussi grand ? » Quelque chose vous lance un défi et, tout à coup, vous vous mettez en contact avec votre potentiel supérieur.

# MÉDITONS ENSEMBLE

Maintenant, méditons ensemble. Pendant deux minutes, commencez simplement par entrer en contact avec vous-même et par vous sentir à l'aise.

Laissez votre point focal devenir le lit confortable de votre esprit... Gardez votre esprit au repos, décontracté dans le lit douillet, Divin de votre point focal. Remerciez-vous et remerciez votre esprit d'aimer le point focal qu'il a choisi...

Constatez à quel point vous êtes sincère, à quel point vous êtes intégré... Vous faites de votre mieux, maintenant, tout de suite... Vous êtes totalement intégré... Même si votre esprit n'a pas atteint l'harmonie totale, au moins vous vous y efforcez en étant totalement sincère et en vous y vouant totalement. «Je ne me tracasse pas d'illumination tant que cette joie de l'harmonie me possède. Je suis heureux et satisfait tant que j'ai le sentiment d'orienter mon énergie dans le bon sens»... Vous êtes tellement heureux de vous vouer totalement que vous oubliez l'illumination et l'accomplissement. Cet accomplissement-ci vous suffit peut-être... Vous faites de votre mieux. Gardez votre esprit sur son point focal... Laissez votre cœur sourire de joie... Laissez votre cœur danser de reconnaissance... Laissez votre être se saturer d'extase...

Vous voudriez que le monde entier vous aime et vous adore, mais vous ne prenez jamais le temps de vous aimer ni de vous adorer vous-même... Comment le monde pourrait-il vous adorer si vous ne vous adorez pas ?... Le monde se contente de suivre votre exemple... Donnez l'exemple au monde ; montrez-lui que vous êtes capable d'adorer la Divinité en vous en restant fidèle à votre point focal... à votre propre sagesse... à votre propre compréhension.

En cet instant précis, vous n'êtes pas compulsif... Vous célébrez la dignité de la vie humaine... Vous n'entendez peut-être pas ce que je dis, mais continuez de vous célébrer vous-même... Si vous ressentez de l'ennui, acceptez-le aussi. Sans contrastes, il est impossible de rien apprécier dans la vie... Seul l'ennui vous permet d'apprécier le dynamisme et la béatitude... Sans chagrin, on ne peut savoir ce qu'est la joie... Sans le ressentiment, on ne peut reconnaître ni la paix ni l'amour...

Peu importe ce qui fait surface dans votre conscience, acceptez-le et bénissez-le... N'y résistez pas. Ne le combattez pas... Donnez toute latitude à Dieu de se manifester en vous comme il Lui plaît... Êtes-vous la création de vous-même ?... Vous êtes la création de cette Essence Divine... Vos pensées et vos sentiments sont la création du Schéma Divin... Quand vous jugez vos pensées et vos sentiments, vous jugez le Seigneur en vous...

Placez une main sur votre poitrine et prenez conscience de votre respiration... Quand vous inspirez, constatez comment votre poitrine se dilate... Quand vous expirez, sentez avec la main comme la poitrine se contracte... Restez en contact avec votre respiration ; à travers la conscience de votre respiration, vous serez capable de garder conscience de la conscience elle-même.

Maintenant relâchez votre main et relaxez en vous-même... Voyez comment vous vous sentez tendre... décontracté... doux et paisible.

Si votre esprit veut garder la conscience du point focal, laissez-lui en garder la conscience... S'il ne veut pas en garder la conscience, laissez aller votre point focal... Laissez votre esprit complètement en suspens... Faites-vous confiance... Célébrez la liberté d'être... Vous le méritez... N'hésitez pas à l'accepter.

Maintenant, pendant une minute, psalmodions Om... Om représente l'Amour Cosmique, la Conscience Cosmique... Tâchez de visualiser le fait que le son vient tout seul... Vous flottez simplement sur l'océan du son Om... Vous ne faites pas d'effort pour produire le son... Il vient tout seul...

Essayons... Flottons librement sur l'océan du son, Om... Laissons-le se poursuivre sans l'interrompre.. Ooommm OoommmOoommmOoommmOoommmOoommmm...

À présent, silence !

Frottez vos paumes l'une contre l'autre. Placez vos paumes sur votre visage. Ouvrez doucement les yeux ; observez la différence de qualité de vos sentiments et de vos perceptions. Vous êtes la même personne, vous avez autant de culpabilité et de peur – mais cela importe-t-il ? Comme vous êtes décontracté ! Regardez autour de vous en toute liberté sans penser que personne n'est présent. Cela ne peut pas se traduire par des mots. Il faut que chacun l'expérimente. Votre Divinité est comme une rivière qui coule. Comment pourriez-vous l'attraper ? La rivière ne fait que couler.

# LIBERTÉ ET ALTRUISME

Que nous croyions en Dieu ou non, que nous croyions en certaines valeurs morales ou non, nous croyons, tous, au concept de liberté. Si nous ne sommes pas libres, cela veut dire que quelque chose nous entrave.

Qu'est-ce qui vous entrave ?

Pour beaucoup, liberté signifie ne pas avoir à subir de pressions extérieures, ne pas être obligé de faire quoi que ce soit. Nous imaginons la plupart du temps que la liberté, cela veut dire être capable de prendre sa retraite. Mais tant qu'on n'a pas été exposé à une très profonde, submergeante expérience de satisfaction il est impossible de savoir vraiment ce qu'est la liberté spirituelle. Il se pourrait que vous connaissiez cette expérience aujourd'hui, ou peut-être pas avant plusieurs années, ou même plusieurs vies. Peu importe le degré de notre ignorance, cette aspiration à la liberté est dans nos cœurs. Il n'est pas besoin de lutter pour l'obtenir. La quête de liberté est irrépressible. Elle fait partie de nous.

# LA LIBERTÉ FINANCIÈRE

La quête de liberté s'expérimente à différents niveaux. La première et principale liberté est la liberté financière – la survie. Même si je viens de l'Inde, un pays pauvre, je trouve que le comportement et les attitudes des gens d'ici ne sont pas plus libérés financièrement que dans mon pays natal. Les Nord-Américains bénéficient de meilleurs services publics et d'une plus grande richesse, mais je n'ai pas l'impression qu'ils soient psychologiquement plus libres concernant la sécurité financière.

Avez-vous assez d'argent pour un an ? Sinon pour un an, en avez-vous assez pour un mois ? Sinon pour un mois, pour une semaine ? Sinon pour une semaine, pour un jour ? Sinon pour un jour, pour une heure ? Sinon pour une heure, pour une minute ? Sinon pour une minute, pour une seconde ? Si vous êtes capable de répondre oui à n'importe laquelle de ces questions, entrez en contact pendant une seconde avec cette liberté. Il y a quelque chose de très mystique à le faire. La liberté ressemble à l'explosion d'un atome. Cette minuscule seconde possède en elle tant d'énergie qu'en la pénétrant avec votre conscience, vous dépassez le temps. Pénétrer dans cet instant vous emporte au-delà du temps, et c'est dans cette zone hors du temps que vous réalisez ce qu'est la liberté.

Je suis absolument favorable à l'abondance, à la prospérité et à la créativité. J'aime les gens dynamiques et productifs ; mais je me demande ce qui leur manque pour se sentir en sécurité. J'ai rencontré beaucoup de personnes très pauvres, qui avaient juste de quoi se nourrir, mais elles m'ont donné l'impression d'être satisfaites, joyeuses et heureuses, alors que les riches semblaient souvent peu sûrs d'eux-mêmes et envahis par la peur. Même quand j'ai rencontré des millionnaires, j'ai ressenti chez eux une certaine forme de peur. L'abondance de biens matériels ne libère donc pas nécessairement de l'insécurité et de la peur.

Il y a deux formes de peur : la peur de perdre ce que l'on a et la peur de ne pas obtenir ce que l'on veut. Mais de quoi a-t-on réellement besoin ? Supposez que vous ayez un petit bout de papier. Si vous êtes un bon artiste, vous serez capable de faire un bon dessin sur ce petit bout de papier. Si vous ne savez pas dessiner, même avec une énorme feuille de papier, vous ne ferez qu'un gribouillis. Pensez à ces personnes qui ne vivent pas dans l'abondance matérielle mais qui possèdent la richesse du cœur. L'abondance matérielle ne donnera jamais la liberté.

# LA LIBERTÉ ÉMOTIONNELLE

La deuxième liberté est la liberté émotionnelle. Avez-vous déjà aimé quelqu'un? Avez-vous déjà serré quelqu'un dans vos bras? Avez-vous déjà bercé un enfant pour l'endormir? Chaque fois que vous êtes en contact avec un être cher, dépassez votre insécurité et célébrez-vous vous-même. Tirez plaisir des choses simples avec autant de conscience que vous en êtes capable. Développez la conscience de voir Dieu en chaque chose et en chaque être. Dieu dans la lasagne. Dieu dans la pizza. Si Dieu est vraiment Dieu, Dieu doit être partout.

Nous vivons dans l'insécurité émotive. Nous cherchons quelqu'un qui nous inspire, nous donne, en nous aimant, son appui et reconnaît nos mérites. Mais les autres ne peuvent nous donner leur appui que dans une certaine mesure et nous ne pouvons jamais être certains qu'ils nous aimeront, nous supporteront et nous inspireront tout le temps. Et c'est bien ainsi. Si vous trouviez quelqu'un sur lequel vous puissiez à ce point compter, vous vous attacheriez à cette personne et ne seriez jamais stimulé à chercher en vous-même la vraie source de sécurité. Chaque fois que vous devenez dépendant de quelqu'un, vous perdez le sentiment de sécurité que vous devriez avoir en vous. Vous ne cherchez pas la dépendance – vous cherchez la liberté. Il n'y a rien de mal à donner et à recevoir de l'aide, mais il y a quelque chose de mal à trop attendre des autres.

Même mon propre esprit ne me supporte pas toujours. Il est parfois critique et porté à juger. Si je ne peux pas compter toujours sur mon propre esprit, s'il n'est pas toujours positif et stimulant pour moi-même, comment m'attendre à ce que quelqu'un d'autre le soit? Dans notre quête de liberté, nous ne devrions donner à personne cet inutile pouvoir de nous faire connaître la liberté. Nous devons trouver la liberté par nous-mêmes, en nous-mêmes.

# LA LIBERTÉ SPIRITUELLE

Si l'abondance matérielle et la complicité émotionnelle ne nous permettent pas d'être libres et heureux, que pouvons-nous faire d'autre ? Nous pouvons nous tourner vers l'harmonie spirituelle, la troisième liberté. La plupart d'entre nous aiment se considérer comme des êtres véritablement spirituels, mais en réalité ne recherchent que le confort, l'argent, le pouvoir et la complicité émotionnelle. C'est uniquement quand on a assez de confort, d'argent, de pouvoir et d'aide émotionnelle, qu'on peut aspirer à la liberté spirituelle.

Comment êtes-vous capable de déterminer si vous êtes vraiment spirituellement enclin à la liberté Divine ou si vous ne faites que flirter avec la liberté matérielle et émotionnelle ?

J'ai connu un jour un homme très intelligent qui passait des heures avec moi à discuter de philosophie et de mysticisme. Son sérieux m'impressionnait beaucoup.

— Vous semblez avoir tant de compassion pour l'humanité, lui dis-je une fois, et semblez manifester une telle ferveur pour parvenir à la réalisation de Dieu. À quelle heure vous levez-vous ? Que faites-vous toute la journée ?

— Je me couche vers dix ou onze heures, répondit-il et je me lève, pour aller au travail, vers huit ou neuf heures.

— Comme vous vous faites tellement de souci pour l'humanité, pourriez-vous vous lever une heure plus tôt, lui demandai-je, et pendant ce temps aider les autres ou prier pour vous sentir un avec Dieu?

Il dit qu'il essayerait.

Nous nous rencontrâmes de nouveau une semaine plus tard. Il me dit: «J'ai essayé, mais j'ai eu du mal à me lever quinze minutes plus tôt.»

La semaine suivante, il se levait une demi-heure plus tôt, mais il admettait que sa ferveur pour l'humanité et pour Dieu n'était qu'une simple illusion.

– Si je n'éprouve pas d'enthousiasme à sacrifier juste une petite heure de sommeil dont je n'ai pas besoin, pour réaliser Dieu, dit-il, c'est que je me suis leurré en me pensant tellement préoccupé par l'humanité et par Dieu.

Quand je vivais dans une grotte, j'étais parfois très discipliné. Je vivais pendant des mois en ne prenant que du lait; parfois, je mangeais comme un gros et saint porc. Parfois, je méditais dix heures par jour, parfois je rêvais aux femmes et aux plaisirs du monde. J'étais incapable de comprendre pourquoi cela se passait de la sorte, et je me tourmentais mentalement pour comprendre pourquoi je vivais dans une grotte.

Un jour il m'apparut que la grotte n'était bonne que pour me faire traverser ces épreuves et pour me permettre de découvrir si j'étais réellement préoccupé de Dieu ou si je m'en préoccupais uniquement parce que j'étais incapable de venir à bout de mes insécurités et de mes distractions. J'avais imaginé: «Si je pouvais juste réaliser Dieu, je serais comme Bouddha ou comme Jésus.» Nous avons tous ces rêves, et plus nous avançons, plus nous sommes capables de les chasser.

Il est bon pour notre ego de croire que nous sommes préoccupés de Dieu et de liberté spirituelle, mais il est important de nous rendre compte que nous ne faisons que nous leurrer. Examinons quelques choses simples qui nous démontreront où nous sommes.

# L'ALTRUISME

Toutes les religions nous enseignent à pratiquer l'altruisme. Mais combien d'entre nous prennent le temps d'aider et de s'occuper des autres ? Nous nous sentons dans une telle insécurité nous-mêmes et notre sécurité nous préoccupe tant que nous n'avons ni temps ni énergie ni argent à consacrer aux autres. Parfois, nous les aidons, mais uniquement pour nous leurrer nous-mêmes et nous faire croire que nous sommes désintéressés, exactement comme nous méditons pour nous leurrer et nous faire croire que nous sommes tournés maintenant vers la conscience Divine. Débarrassez-vous de ces illusions. Vous n'êtes pas le moins du monde désintéressé. Vous serez désintéressé le jour où vous serez éclairé et libre. La peur vous rend égoïste. L'égoïsme vous garde confus. La confusion vous fait agir comme si vous étiez désintéressé, mais uniquement pour que vous puissiez imaginer que vous êtes vraiment merveilleux.

Mère Teresa, saint François, Jésus et Gandhi nous inspirent ; nous les adorons et proclamons leur grandeur. Que faut-il pour être grand ? L'altruisme. Si je pouvais être altruiste, je n'aurais pas peur pour le moi. Dans le processus même de l'altruisme, je perds le moi, je transcende le moi, je dissous le moi et je deviens le grand Moi, le Tout.

Je ne crois pas aux swamis, aux Ph.D. ni aux yogis ; je ne crois qu'en certaines vérités simples, ordinaires. Même si vous n'êtes ni rigoriste ni discipliné ni intelligent ni enclin à la spiritualité, il vous est possible quand même d'avoir un aperçu de la liberté. Après un tel aperçu, vous serez cent fois meilleur que n'importe quelle personne disciplinée, rigoriste, prédisposée à la spiritualité. Gardez-vous ouvert à cette expérience.

Si vous lisez les biographies des grands mystiques qui ont réalisé Dieu, vous vous rendez compte qu'ils étaient de simples êtres humains comme vous et moi. Quelle était leur liberté? Quelle est cette liberté que nous n'avons pas? J'avais l'habitude de me battre pour acquérir cette liberté, mais un jour il m'apparut: «C'est ça la liberté!» Cette prise de conscience changea mon attitude vis-à-vis de la vie et des autres. La vie était pareille, mais il y avait une différence dans la qualité de la vie.

Supposez que vous pensiez être obligé d'avoir à vous battre pour continuer de respirer et de rester en vie, et que si vous ne vous battez pas tout le temps vous mourrez. Cette conviction vous maintiendra dans la peur et vous gardera tendu. Supposez qu'une autre personne sache: «Respirer va de soi, que l'on fasse un effort ou non.» Cette personne sera complètement décontractée. Posez-vous la question: «Qu'est-ce qui me lie en ce moment précis?» et constatez à quel point votre esprit se bat avec sa propre confusion. Il est incapable de décider qu'il est libre ni d'admettre qu'il est entravé. Il continue d'osciller. Observez cet oscillement confus entre liberté et esclavage. Si vous êtes capable d'admettre que vous êtes libre au moins en cet instant, alors célébrez votre liberté. Ayez-la. Elle est vôtre. Si vous vous sentez inquiet et égaré, centrez votre attention sur cette pensée. Voyez pendant combien de temps elle vous ennuie et vous effraie. Même si vous voulez vous accrocher à cette pensée, vous en êtes incapable parce que vous-même, l'esprit et la pensée sont irréels – changeants –, dès lors comment s'y accrocher? Ou bien vous êtes prêt à travailler sur ce plan subtil de la prise de conscience de vous-même, ou bien seule la liberté financière ou émotion-nelle vous intéresse, auquel cas ne vous embarrassez pas de liberté spirituelle.

# SACHEZ OÙ VOUS EN ÊTES

Il n'y a rien de mal à rechercher l'argent ou les jouets, mais admettez que c'est là que vous êtes. Si à ce niveau de conscience vous avez l'intégrité, vous vous rendrez compte que la liberté est spirituelle. La Divinité est l'expression de l'intégrité. Soyez là. Sachez que vous êtes un porc. Sachez que vous êtes gros et paresseux. Sachez que vous êtes compulsif. Sachez que vous êtes attaché. L'esprit ne trouve de plaisir nulle part sinon en Dieu. Il reconnaît et apprécie Dieu en fonction de son niveau de conscience. Si les jouets vous intéressent, soyez total et appréciez-les. Vous comprendrez graduellement qu'ils n'ont pas de sens et vous passerez outre. Ne vous forgez pas de grands concepts sur le devoir de conscience, d'amour, de philanthropie ni sur la nécessité pour vous d'avoir d'aussi nombreuses responsabilités. Qui vous a rendu responsable, et de quoi ? Voyez vos entraves, vos peurs, vos penchants, et travaillez à partir d'où vous êtes. Si je suis installé en Ohio, suis-je capable de travailler à New York ?

Quand vous commencez à vous observer, vous découvrez que votre problème d'esclavage ne vient pas de votre obligation de gagner votre vie ou de payer vos factures. Et ce n'est pas non plus à cause de votre inertie que vous êtes paresseux. C'est essentiellement à cause de la confusion. Soyez paresseux tant que vous voulez mais avant de l'être, soyez sûr de vous-même. Développez votre lucidité afin de vous débarrasser de la confusion. Si vous êtes capable de briser la confusion une seule fois, la liberté viendra automatiquement, et votre esprit se sentira stimulé à méditer, à aider les autres et à apprécier la sérénité et le bien-être. Pourquoi vous sentez-vous bien quand vous méditez ? Même si vous ne planez pas toujours, vous vous sentez victorieux d'avoir été fidèle à votre conviction. Vous vous célébrez de faire de votre mieux, conformément à cette conviction.

Un jour, un roi tua un cerf en train de s'accoupler à une biche. Le cerf était en réalité un prophète dont les pouvoirs mystiques lui permettaient de revêtir une autre apparence. Juste avant de mourir, le prophète apparut sous sa forme humaine et jeta une malédiction au roi : « Tu m'as tué pendant que je faisais l'amour ; tu mourras, toi aussi, si tu fais l'amour avec ta femme. » Le roi savait qu'il mourrait s'il osait faire l'amour.

Il revint donc au foyer et dit à ses épouses qu'il allait se retirer dans la forêt et mener une sainte vie, que les palais et les choses matérielles ne l'intéressaient plus. Il ne leur donna pas la véritable raison. Les épouses insistèrent pour accompagner et servir l'époux dans sa nouvelle vie. Longtemps plus tard, une des épouses lui dit avec tendresse qu'elle le trouvait merveilleux et le roi fut incapable de se contrôler. Il fit l'amour à sa femme et mourut.

Vous essayez de vous persuader qu'un jour vous vous maîtriserez. Vous ne vous maîtriserez jamais complètement, même si ce que vous faites est nocif pour vous ; cependant, vous êtes capable de vous harmoniser vous-même, de vous intégrer et de vous comprendre. Et, à ce moment-là, vous êtes capable de vous transcender vous-même – non pas dans le sens d'être victorieux sur les choses, mais dans le sens de dépasser votre ego. C'est là que vous pouvez réaliser votre véritable liberté, votre joie et la beauté de la vie. Quand vous êtes prêt à la liberté Divine, elle vient tout de suite. Quelle que soit la liberté que vous expérimentez en ce moment, c'est la liberté pour laquelle vous êtes prêt. Ce n'est pas comme avoir faim et ne pas avoir de nourriture. Quand vous avez faim spirituellement, la nourriture spirituelle vous est fournie sur-le-champ.

# PETITES ÉTINCELLES

Une seule étincelle suffit à faire flamber des millions d'arbres. Nous n'essayons pas d'anéantir nos précieuses forêts, mais nous faisons une analogie : la plus petite étincelle de sagesse, de liberté, d'amour est capable de consumer votre ego et de révéler l'énorme pouvoir de votre Essence Divine. Si donc vous avez la plus petite étincelle de sagesse, de liberté ou d'amour, adorez-la ; célébrez-la ; soyez-en fier. Que vous l'admettiez ou non, Dieu vous teste en vous procurant une toute petite étincelle de paix, une toute petite étincelle d'amour, une toute petite étincelle de liberté. Tant que vous n'apprendrez pas à apprécier vos petites étincelles de paix, d'amour et de liberté, la paix, l'amour et la liberté cosmiques ne vous inonderont pas. Essayez. Vous vous rendrez compte que plus vous apprécierez votre petite étincelle, plus elle vous consumera et vous libérera de votre individualité séparée. Vous pensez peut-être n'avoir qu'un tout petit peu de sagesse et de liberté, mais cette petite étincelle est capable d'accomplir le plus grand miracle pour vous et pour toute l'humanité. Cela commence toujours par une petite étincelle.

# CHERCHER LA LIBERTÉ

Que cherchez-vous? Cherchez-vous la liberté? Cherchez-vous le plaisir? Connaissez votre niveau de conscience. Si c'est l'excitation que vous cherchez – dans les films, votre partenaire, l'argent ou autre chose –, permettez-vous d'être comme vous êtes. Avec de la patience, de l'entraînement et de la lucidité, vous raffinerez votre goût. Plus vous vous entraînez conformément à votre propre compréhension des choses, plus vous appréciez votre propre lucidité, plus vous ressentirez un sentiment toujours plus profond de liberté. Il faut se rendre compte que l'on est en prison avant de faire quelque chose pour en sortir.

Qu'est-ce que la liberté? N'êtes-vous pas déjà libre? De quoi avez-vous besoin pour expérimenter la liberté? La liberté s'expérimente dans la conscience de la conscience, dans la conscience d'être. Ultimement, il faut oublier votre argent et votre partenaire pour apprécier la liberté. Vous pensez à eux constamment. Vous vivez en enfer parce que vous charriez le fardeau de cette pensée. Identifiez ce qui vous amène à vous sentir entravé et voyez combien de temps cette cause d'esclavage reste dans l'espace de votre conscience. Si vous vous sentez libre, célébrez-le. Il n'y a rien à atteindre, rien à réussir, rien à prouver. La liberté est ici et maintenant. Relaxez dans votre propre splendeur. Toutes les entraves et toutes les peurs sont du domaine des sentiments. La conscience est toujours pure, comme le ciel.

Dans vos rêves, la nuit, vous vivez parfois des situations infernales. Vous êtes piégé ou vous vous noyez. Mais quand vous vous réveillez, pensez-vous que vous continuez d'être piégé ou de vous noyer ? Ou bien pensez-vous : « Dieu merci, le rêve est terminé » ? Ne soyez pas comme cette femme qui avait vu un lion en rêve. À son réveil, elle continuait de crier.

– Pourquoi cries-tu ? lui demanda quelqu'un.

– Le lion me poursuit, dit-elle.

– Où est le lion ? demande son interlocuteur.

– Je l'ai vu ! Je l'ai vu ! répondit-elle.

– Quand ? demanda l'homme.

– Dans mon rêve, je l'ai vu de mes propres yeux.

– C'était un rêve. Où est le lion maintenant ? demanda-t-il.

– Je l'ai vu, je l'ai vu ! continuait-elle de répéter. Il est impossible qu'il soit irréel.

Quand vous rêvez, vous ne pouvez que rêver ; mais quand vous êtes éveillé, ne soyez pas confus au point de penser que vous rêvez toujours. Le rêve est terminé, la douleur est terminée. Quelle importance si, en rêve, vous mourez cent fois ? Quand vous vous réveillez, vous êtes sain et sauf. De la même façon, quand vous êtes véritablement éveillé et vigilant, vous réalisez que votre conscience est pure et qu'elle a atteint la plénitude. Vous n'avez pas besoin d'argent ni d'une maison ni de rien pour ressentir votre plénitude. Vous êtes déjà cette plénitude.

# L'IMPORTANCE DE L'AMOUR

Votre amour est important pour tous ceux qui entrent dans votre vie, et vous êtes important dans la vie des autres. Quand vous vous traitez avec la dignité de cette conscience, vous vous rendez heureux et vous rendez les autres heureux aussi. Quand quelqu'un entre dans votre vie, sentez-vous privilégié qu'il ou elle soit venu(e). N'ayez pas l'impression de n'avoir besoin de personne. Cela est un non-sens. Nous partageons tous la même existence cosmique. Si j'ai une épine dans le pied, mes yeux se vantent-ils : « Nous nous moquons de l'épine, elle ne fait mal qu'au pied »? Tout participe de l'unité. Quand quelqu'un donc vous témoigne un geste d'amour, acceptez-le avec ouverture et rendez-vous compte que cette personne est venue dans votre vie pour vous saluer.

La liberté n'est pas partout où elle devrait être cherchée ; elle est intérieure et extérieure, toujours au cœur de votre être et au cœur de chaque instant. Concentrez-y simplement votre attention. Jésus a souri à l'eau et l'eau s'est transformée en vin. Dans la splendeur de votre conscience, tout esclavage se transforme en liberté.

L'esprit cherche constamment la liberté qui est Dieu. Quand l'esprit n'est pas prêt à expérimenter Dieu, ou la liberté, dans sa forme pure, il fait des compromis – avec un amant, par exemple, ou avec des objets du monde.

Il n'y a rien de mal à ce que votre conscience ne cherche pas l'illumination. Ne vous condamnez pas et ne créez pas

cette division dans votre psyché. Quand vous vous condamnez, c'est le processus Divin lui-même que vous condamnez. Vous trouvez la paix en serrant votre enfant dans
vos bras, en regardant les fleurs, en vous promenant au bord
de la mer. N'hésitez pas à vous apprécier de le faire. Vous
avez assez hésité; le temps est venu d'accepter, de faire
confiance et d'apprécier.

# LA RÉALITÉ ET L'ILLUSION

Quand nous utilisons le mot « réalité » et l'expression « illusion de l'individualité », nous devons savoir claire-ment ce que nous voulons dire. Quand nous comparons le terme « réalité » au terme « illusion », nous voulons parler de cette réalité qui dure plus longtemps que toute autre forme d'apparence. En comparaison avec cette réalité, toutes les autres formes d'apparence que nous considérons réelles ne le sont pas tout à fait.

Quand vous vous placez devant un miroir, vous voyez votre reflet. Votre reflet est réel; mais vous savez, quand vous vous en allez, que le reflet disparaît. En comparaison avec votre visage, le reflet est irréel. Quand vous rêvez, vous expérimentez le plaisir et la douleur, la réussite et l'échec; vous interagissez avec des amis et des ennemis. Tout dans le rêve semble aussi réel qu'à l'état de veille. Pourtant quand vous vous éveillez, vous vous rendez compte que le rêve et les expériences du rêve – y compris votre moi rêvant qui a vécu ces expériences – n'étaient qu'illusion. Tout cela n'était que projection mentale de votre part. Si vous vous noyez en rêve, vous découvrez à votre réveil que votre corps est intact et que l'expérience de l'éveil est plus réelle que l'expérience du rêve. Quand vous rêvez, vous ne vous rap-pelez pas l'état de veille; vous considérez les expériences du rêve comme normales et réelles. Quand vous êtes dans le rêve, vous ne pouvez nier ni annuler l'état de veille; mais quand vous revenez à l'état de veille, vous pouvez réfuter le rêve parce que vous avez un point de vue supérieur.

La comparaison entre les deux états amène à comprendre plus facilement la forme supérieure de réalité qui est par-delà l'état de rêve et par-delà l'état de veille. Le moi individuel qui me permet de vous écrire ces mots et qui vous permet de les lire semble réel, mais il n'est pas absolument réel. Il existe une forme supérieure de réalité qui nous permet de transcender la soi-disant réalité à partir de laquelle nous établissons des liens les uns avec les autres.

# QUELLE VIE EST RÉELLE ?

Qu'est-ce qui prouve que ceci soit une réalité ? Comment être sûrs que nous existons vraiment et que nous établissons vraiment des liens avec les autres ? Si vous observez les expériences que vous avez en ce moment, êtes-vous capable de conclure qu'elles sont la réalité ? Comment pouvez-vous affirmer que le rêve n'est pas la réalité ? Le plaisir et le chagrin sont aussi réels dans le rêve qu'à l'état de veille. Parfois, dans votre rêve, quelqu'un vous tue. Quand vous vous éveillez, vous vous rendez compte que vous êtes vivant. Qu'est-ce qui est réel ? Dans la vie éveillée, vous êtes peut-être très laid, pauvre et malheureux ; dans le rêve, vous êtes peut-être très beau, prospère, intelligent et puissant. Lequel des deux est réel ?

La question a été posée depuis des temps immémoriaux, mais la plupart ne se sentent pas concernés par ce genre de question. Nous nous sentons concernés par le bon temps que nous pouvons avoir ou par nos contributions à la société en tant que conférencier, professeur, écrivain, etc. Toutes ces activités sont des expressions de l'individualité, et la plupart d'entre nous y consacrons toute notre vie. Les individus ordinaires ne sont pas prêts à poser des questions sur l'essence même de l'individualité et à demander : « Qui suis-je ? » Ils sont tellement engagés à poursuivre les ambitions de cette réalité qu'ils se sentent satisfaits quand ils les réalisent. Pour d'autres, c'est une question à poser dans le processus de l'épanouissement.

Dans la mythologie indienne, un roi appelé Janaka se fit mordre en rêve par un chien enragé. Janaka voulut se faire soigner, mais le médecin refusa parce que le roi n'avait pas deux roupies pour payer les honoraires. Au moment de mourir, le roi s'éveilla. Il savait que personne ne pouvait lui désobéir; pourtant, dans le rêve, le médecin avait refusé de le traiter. Janaka s'étonna: était-il le roi capable d'ordonner à n'importe qui dans le royaume de faire n'importe quoi ou n'était-il qu'un individu pauvre, ordinaire?

Le roi Janaka convoqua une grande assemblée de lettrés, de mystiques, de saints et d'ascètes et posa la question. Un saint illuminé résolut l'énigme. Il lui dit qu'aucun des deux Janaka – ni celui qui, éveillé, était roi ni celui qui rêvait qu'un chien le mordait et qui cherchait un médecin – n'était le réel Janaka. Il y avait un troisième Janaka derrière ces deux-là.

# INDIVIDUALITÉ ET SÉCURITÉ

Si vous observez la vie de ceux qui semblent très heureux, très prospères et puissants, vous découvrirez qu'ils ne sont pas parfaitement satisfaits. Ce qui ne va pas n'est peut-être pas évident; ils sont peut-être vertueux, bons et prospères; mais ils n'ont pas réalisé l'Essence qui est par-delà leur individualité. Ceux qui sont plus évolués voient à quel point est illusoire la sécurité basée sur l'individualité. Peu importe la richesse ou la puissance à laquelle certains peuvent atteindre, peu importe les amants formidables qu'ils ont, peu importe leur beauté physique, leur douleur, leur souci et leur peur persistent: « Je risque de perdre mon pouvoir, ma beauté, ma vitalité et mon amant. » Que nous soyons bons ou mauvais, le besoin de réaliser le cœur Divin, cette réalité universelle, cette liberté de tout souci, de toute responsabilité, est inhérent en nous. Nous n'avons pas à créer la faim ni l'envie de dormir; de la même façon nous n'avons pas à créer le besoin de réaliser la liberté, le besoin d'atteindre la béatitude.

Quand nous questionnons notre individualité d'une manière positive, nous devenons capables de la transcender. Alors, nous réalisons cette réalité qui ne peut se décrire par les mots. Les mots appartiennent au domaine des noms et des formes, et la réalité se trouve par-delà les noms et les formes. Par exemple, quand vous dormez profondément, vous le savez, vous aimez dormir profondément; quand vous êtes incapable de dormir profondément, cela vous manque et vous vous sentez malheureux – mais êtes-vous capable de le décrire? La difficulté réside dans les mots. Nous sommes capables de communiquer une expérience uniquement à celui qui a eu la même expérience. Nous explorons ici quelque chose qui se situe par-delà le langage et l'esprit. Tant que l'esprit est impliqué, je serai moi et vous serez vous; il y aura dualité. Quand nous expérimentons la réalité par-delà la dualité – quand nous arrivons à cette dimension supérieure qui transcende la dualité –, notre esprit révèle quelque chose de l'intérieur de lui-même et réalise la sérénité, la satisfaction et la joie. L'expérience est directe et transcendantale.

De quelle façon aimez-vous une tasse de café? Si de la joie se mêle à ce café, plus vous en buvez, plus vous devriez vous sentir joyeux; mais cela ne marche pas ainsi. Après une ou deux tasses, vous en avez assez. C'est pareil pour les films, l'amour physique, la nourriture, la boisson, tout. Vous expérimentez habituellement la joie à travers un médium ou un véhicule donné, mais quand vient le temps d'expérimenter la joie qui est à l'intérieur de vous, vous ne savez pas comment vous y prendre. Tant que vous expérimenterez la joie par l'intermédiaire de quelque chose ou de quelqu'un d'autre, vous resterez dépendant de cette personne, de cette chose ou de cette situation. Votre quête de bonheur et de liberté ne sera jamais complète ou pleinement satisfaisante.

Peu importe le degré de votre réussite, vous vivrez dans l'insécurité aussi longtemps que vous vous confinerez au plan de l'individualité. Même si votre corps est le plus beau et que vous avez été choisie Miss USA ou élu M. Univers, même si vous recevez une médaille d'or aux Jeux Olympiques et battez votre propre record mondial, la question demeure la même: Combien de temps pouvez-vous vous accrocher à cela? Tout s'use. Dans le domaine de l'individualité, la beauté, la vitalité, les relations, l'intelligence, le pouvoir, les réussites, tout finit par s'émousser. C'est pourquoi l'esprit individuel ne se sent jamais en sécurité. Édifier sa sécurité sur ces choses extérieures ne fonctionne pas, et l'esprit n'a pas l'entraînement qu'il faut pour discerner les mirages. Vous aimez aller au cinéma, mais si vous pensez que vous devez posséder le cinéma, l'écran et les acteurs, quelque chose en vous ne marche pas – il est inutile de posséder tout cela. Allez-y, prenez du bon temps, mais soyez prêt à quitter. Toutes nos expériences ressemblent au cinéma. Quand nous sommes au plan de la conscience individuelle, nous voulons nous installer dans le cinéma parce que le film est tellement formidable.

# PARTAGER L'AMOUR

Revenez aux expériences simples. Quand vous vous promenez sur une plage, regardez un oiseau-mouche ou humez une fleur, pensez-vous à vos échecs et à vos réussites, à votre beauté ou à votre laideur ? Vous oubliez tout cela. Vous oubliez votre moi limité, vous dépassez votre personnalité et atteignez le règne de la sérénité. Chaque fois que vous faites la paix en vous, vous cessez d'être séparé des autres humains et des choses de ce monde. Tout devient partie de tout. Nous cherchons tous cette sérénité. Nous l'expérimentons tous de temps à autre, mais nous ne sommes pas prêts à la faire nôtre.

Quand vous partagez votre amour – pas seulement dans vos rapports amoureux intimes, mais aussi en nourrissant votre enfant ou votre petit chien et en aimant vraiment le voir manger –, comment en tirez-vous plaisir ? Si vous n'êtes que votre corps, comment pouvez-vous être heureux de voir quelqu'un d'autre heureux ? Vous devez d'une certaine façon être présent dans cette autre personne ou dans ce petit chien pour être capable de ressentir leur bonheur. C'est cela la splendeur de l'amour, et c'est aussi la raison pour laquelle l'amour désintéressé est tellement important. Si vous êtes capable d'être heureux en voyant ou en rendant quelqu'un heureux, alors vous êtes capable de transcender votre moi limité, séparé. Comme l'Essence, à l'intérieur du corps, n'est pas confinée au corps, ce qui se rapporte à l'Essence peut exprimer la joie ailleurs, et vous rendre heureux. C'est dans l'amour désintéressé que vous réalisez cette dimension supérieure de conscience.

Il s'agit là d'un paradoxe. Toutes nos luttes visent à garder quelque chose – « ma maison », « mon jardin », « mon mari », « mon pays » –, mon... mon... mon. Nous ne voulons pas partager. La méditation est facile, la prière est facile, tous les sacrifices sont faciles, mais le partage est difficile. Il est possible qu'on partage à l'occasion pour se leurrer soi-même sur sa capacité d'amour et d'altruisme. Mais quand le vrai partage s'installe, on se rend compte qu'il renforce notre propre splendeur, notre paix et notre harmonie, parce qu'en partageant nous transcendons la conscience limitée de notre corps. On ne perd rien en partageant. On s'ouvre à une dimension supérieure de conscience dans laquelle on transcende toutes ses limites. Il n'y a plus de comparaisons. Je deviens vous et vous devenez moi. Alors qui l'emporte sur qui ? Qui déteste qui ? Qui est supérieur ou inférieur à qui ?

Nous cherchons tous ce qui arrive quand nous expérimentons la paix avec nous-mêmes. Nous expérimentons tous la même paix, mais à travers des médiums différents. Le partage désintéressé ou la méditation nous permettent d'atteindre cette paix et d'expérimenter l'amour sans avoir besoin d'aucun médium. Maître Eckhart disait: « L'œil avec lequel je vois Dieu est le même que celui avec lequel Dieu me voit. » Jésus a dit: « Mon père et moi, nous sommes un. » Pourquoi avons-nous envie de croire Jésus, Moïse, Krishna, saint François ou Mère Teresa ? Parce qu'il y a quelque chose de tellement puissant et irrésistible dans leur vie, dans leur joie, dans leur amour et dans leur paix. Nous participons tous de cette même vérité. Vous provenez de la même Source que moi. Nous provenons tous d'une même Source et nous cherchons tous la même Source de paix, d'amour, de joie et de liberté.

Imaginez un arbre immense. Dans l'arbre, il y a des milliers de fruits et des millions d'épines. Chaque fleur et chaque fruit possède sa conscience individuelle, et toutes les fleurs et les fruits se comparent et se font la compétition. Quelques épines dans l'arbre ont perdu leur conscience individuelle. Elles ne se perçoivent pas comme des épines séparées, bonnes ou mauvaises. Elles pensent: « Je suis une expression unique de l'arbre. » Essayez d'expérimenter la liberté et la satisfaction d'une épine qui se voit pareille à l'arbre entier. Ensuite, voyez les limites, les soucis et les contraintes de tous ces fruits et de toutes ces fleurs qui, malgré leur parfum suave et leur délicieuse saveur, vivent dans l'insécurité parce qu'ils dépendent toujours un peu de leur beauté. Les épines sont libérées de cette conscience de soi limitée, tandis que les fleurs et les fruits sont toujours confinés dans leur individualité. Voulons-nous ressembler tous aux fruits et aux fleurs, ou bien certains d'entre nous sont-ils disposés à ressembler aux épines et à s'identifier à la Source?

Le soleil reste le soleil. Il est possible que nous ayons des millions de ses reflets dans des miroirs et des seaux d'eau, mais ces reflets n'existent pas sans le soleil. Si vous brisez les miroirs ou videz les seaux, le soleil n'en a cure et continue de briller dans sa propre splendeur. Comme le soleil, vous restez immuable, inaffecté dans votre Essence. Seul votre reflet, votre individualité, traverse des hauts et des bas. La conscience pure continue de vous supporter même quand vous tombez dans l'inertie ou l'inconscience. Et c'est pourquoi, au sortir d'un profond sommeil, vous pouvez dire: « Je n'étais conscient de rien pendant que je dormais, mais j'ai aimé dormir. » Comment pourriez-vous ressentir ce plaisir si vous n'étiez pas présent? Dans l'Essence, personne n'est homme ni femme, ni prospère ni pauvre; vous n'êtes pas nord-américain et je ne suis pas indien. Dans cette conscience, nous sommes tous un; nous sommes tous en paix, satisfaits et joyeux.

Dès lors, ménagez un peu de temps dans votre vie quotidienne pour être présent à votre conscience pure, à vous-même tel que vous vous connaissez. Apprenez à vous approprier vos sentiments. Examinez pendant combien de temps certains sentiments restent dans l'espace de votre conscience. Au lieu d'y réagir, attendez simplement et observez. Voyez pendant combien de temps ces nuages couvrent dans le ciel de votre conscience. Quand ils partent, vous vous rendrez compte que vous n'êtes rien d'autre que le ciel. Soyez conscient de votre paix et de votre satisfaction. Plus vous deviendrez conscient de votre conscience et de votre satisfaction, plus vous vous convaincrez que c'est votre vraie nature. Impossible de la perdre même si vous le vouliez. Vous êtes incapable de tuer Dieu en vous, même si vous le vouliez. Quand vous réalisez la vérité, vous êtes libre.

Sur le plan physique, le corps et l'esprit continueront de passer par des hauts et des bas ; mais tout au fond l'Essence reste immuable. En tant qu'Essence, nous sommes tous le même. En surface, je suis moi, je ne suis pas vous, ma main n'est pas mon pied, mes yeux ne sont pas mes oreilles ; mais tous appartiennent à la même unité corporelle, à la même unité cosmique. Toutes les faiblesses ne sont que fabrication de l'esprit. Vous devez commencer par être intégré. Quand vous êtes intégré à vous-même, alors vous pouvez être intégré et fidèle à votre épouse, à vos enfants et à votre communauté. Alors votre moi n'est plus limité. Il est universel, Divin, rempli de paix, d'amour, de lumière et de joie.

# LE LIVRE DE LA VIE

Deux choses se produisent simultanément dans votre vie et vous poussent dans des directions diamétralement opposées – au point que vous ne savez plus qui vous êtes ni où vous êtes. D'abord, il y a la poussée de votre individualité, le cœur de votre vanité et de votre spécificité. Ensuite, il y a la poussée de votre Essence transcendantale, illimitée. Vous ne savez pas si vous voulez être une entité individuelle qui lutte pour le pouvoir et l'argent ou si vous voulez vous défaire de vous-même et vous fondre dans cet être qui est par-delà vous-même, et dans lequel la distinction entre moi et l'autre n'existe pas.

# INSTRUMENTS DE SERVICE

Dans ce pays, vous ne luttez pas surtout pour vous nourrir et survivre, comme dans le mien, mais vous luttez pour votre image, vos talents et votre créativité. Vous avez l'impression de n'avoir pas encore accompli assez, d'avoir encore plus de potentiel à réaliser.

Quand vos réalisations suffiront-elles ?

Elles suffiront uniquement quand vous réaliserez la dimension supérieure de la vie qui se trouve par-delà l'individualité. Tous, même ceux qui ne méditent pas, y sont connectés. Il suffit de vous rappeler certains incidents simples de votre vie : les moments où vous étiez aimant et tendre. La simple expérience d'amour et de tendresse pour quelqu'un indique quelque chose qui dépasse l'individualité. Vous n'êtes pas simplement ce corps, aussi chaque fois que vous vous exprimez dans une dimension qui dépasse votre corps, vous entrevoyez votre universalité.

Chacun de nous, à un moment ou à un autre, a été gratifié de cette sorte d'expérience. Je me souviens avoir demandé à un professeur : « Qu'obtenez-vous quand j'ai de bonnes notes ? C'est moi qui vais réussir et c'est moi qu'on félicitera. En quoi cela vous importe ? »

– Je me sens simplement formidable, répondit-il.

Nous aimons être des instruments de service et de partage. Pourtant nous savons que nous menons, dans la vie quotidienne, toutes les guerres du « moi » et du « mien » –

«ma voiture», «ma maison». Mais nos quelques moments d'universalité suffisent pour nous permettre de transcender notre attachement à nos biens et pour transcender notre vanité. Chacun de nous essaie de prouver à quel point sa personne individuelle est merveilleuse, et malgré tout nous aimons nos enfants et nos amis de manière telle que nous transcendons nos limites. Si vous vous sentez mieux dans votre peau quand vous méditez, quand vous êtes désintéressé et discipliné, pourquoi ne pas essayer de l'être ou de le faire plus souvent? Vivez chaque moment conformément à vos convictions.

Quelles sont vos convictions? Le livre de votre vie vous permettra de le découvrir.

# DÉCOUVRIR SES CONVICTIONS

Les chapitres les plus exaltants et les plus valorisants du livre de votre vie sont ceux dans lesquels vous avez été désintéressé et victorieux sur votre esprit. Mieux vaut vivre en enfer et vaincre son esprit et sa compulsivité que vivre au paradis et laisser son esprit et ses tendances négatives l'emporter.

Mes habitudes alimentaires me posent personnellement problème: j'ai tendance à manger trop. Jusqu'à présent, malgré toutes mes pratiques spirituelles, mon esprit n'a jamais été assez discipliné pour me dire: «Cela suffit.» Il dit toujours: «Oui, mange encore un peu plus.» Quand je mange trop, je ne me sens pas bien; je me sens léthargique et lourd. Je suis devant un paradoxe: ou bien, je me fais plaisir en mangeant trop et j'en souffre plus tard, ou bien j'accepte le petit inconvénient de me contrôler et je savoure plus tard la douceur d'être en bonne santé et en forme.

Que vous soyez médecin, ingénieur, swami ou juge, vous êtes confronté à ce type de problème et vous devez choisir. Quand vous mangez trop, vous en profitez sur le moment – mais plus tard, en appréciez-vous les conséquences? Quand vous buvez trop, fumez trop, jouez trop ou faites n'importe quoi avec excès, vous sentez-vous bien? Quand vous agissez sans dépasser votre limite, vous ne vous sentez peut-être pas bien au début, mais plus tard vous l'êtes. Votre propre expérience vous incite à mener une vie de modération, d'altruisme et de victoire sur vous-même, une vie qui vous conduit à la paix et à la santé.

# L'ABANDON VA DE SOI

Lorsque vous sentez que vous avez faim dans le flux de la vie, vous sentez aussi le besoin d'assouvir votre faim. Vous n'avez pas besoin de lire la Bible pour savoir quoi faire quand vous avez faim. Vous n'avez pas besoin de prier Dieu : « S'il Te plaît, éveille-moi si je continue de dormir. » Quand le temps est venu de dormir, vous avez sommeil et vous vous endormez. Puis vous vous éveillez simplement. Vous faites confiance en la vie et vous vous contentez d'observer que c'est ainsi que cela se produit. La vie se présente elle-même instant après instant, et vous continuez de vivre en sachant qu'il n'y a rien à faire, sauf continuer.

Au début, vous aurez peut-être l'impression qu'il faut faire un effort pour s'abandonner, mais quand vous devenez vraiment expert dans l'abandon, vous réalisez que l'abandon arrive tout seul. Il y a, sur terre, une force gravitationnelle. Même si vous n'en savez rien, elle affecte votre corps. Où que vous vous échappiez, vous êtes incapable d'échapper à la gravité. Vous avez le choix de continuer de vous battre sans résultat ou de relaxer et de vous abandonner.

Nous sommes tellement habitués à « faire ». Même rester paresseusement assis, c'est encore « faire » quelque chose. Voyez ce que vous faites et approfondissez-le. Souvent vous méditez pour camoufler vos insécurités au nom de la spiritualité. Soyez honnête avec vous-même, rendez-vous compte de votre faiblesse, et ensuite voyez comment appliquer la lumière de votre méditation pour guérir cette blessure, comment vous servir de Dieu dans votre vie pour guérir cette souffrance, cette cicatrice dans votre cœur. Une fois guéri, vous n'avez plus à vous tracasser de rien, plus rien à perdre, plus rien à craindre. Vous êtes grisé, et il n'y a personne d'autre que vous, juste d'innombrables images de vous. Comme si vous entriez dans un palais des glaces et voyiez d'innombrables reproductions de votre propre forme... Vous vous étreignez vous-même de tous côtés parce qu'il n'y a personne d'autre que vous-même.

Quand vous entrez dans une foule où tout le monde célèbre, votre individualité disparaît. Vous expérimentez alors la vaste multitude comme si vous étiez la multitude, le Tout. La conscience de soi se fond dans la conscience de la foule. La réalisation de la conscience de soi débouche sur la Conscience Cosmique. C'est la meilleure chose qui puisse vous arriver dans la vie : que votre conscience de vous-même se fonde dans la Conscience Cosmique.

L'individualité ressemble à un glaçon. On peut l'utiliser pour rafraîchir une boisson, mais il commence à fondre quand on le plonge dans l'eau ou le jus. Il faudrait que notre individualité, aussi, sache comment fondre. Aimez votre individualité, mais soyez prêt à fondre.

Quand vous versez de l'eau dans votre tasse, l'eau prend la forme de la tasse. Quand vous versez de l'eau dans une assiette, elle prend la forme de l'assiette. Quand vous la versez dans un verre, elle prend la forme du verre. Peu importe dans quoi vous la versez, l'eau prend la forme du récipient. Quand vous êtes aussi souple que l'eau, vous laissez Dieu célébrer Sa splendeur à travers vous. Mais quand vous vous raidissez, votre individualité, le « c'est moi », se met en travers du chemin de l'expression Divine. Votre souplesse, votre adaptabilité sont le signe de la beauté Divine, de la créativité Divine à l'œuvre à travers vous.

Vous êtes ici, dans cet espace. Il ressemble à une pièce parce que des murs créent la forme d'une pièce. Mais l'espace ne se préoccupe ni des murs qui l'entourent ni des murs qui sont en lui.

Votre réalité est pareille à l'espace ; votre individualité est pareille à une pièce. Elle semble avoir une forme particulière. Mais ne vous concentrez pas sur les murs ni sur l'apparence de la forme ; concentrez-vous sur l'espace. C'est l'espace qui rend vos mouvements possibles. Sans espace, il ne peut y avoir de murs.

Quand vous êtes sensible à cet espace en vous qui contient toutes vos pensées et tous vos sentiments – quand vous êtes sensible à la lumière qui révèle toutes vos pensées et tous vos sentiments –, vous entrez en relation avec vous-même d'un point de vue universel. Vous réalisez que votre lumière n'est pas simplement votre lumière : elle est la même que celle qui brille dans tous les yeux ; la même conscience qui bat dans tous les cœurs ; la même joie qui resplendit sur tous les visages.

Vous savez que votre corps est distinct de mon corps ou du corps de votre ami. Vous expérimentez vos plaisirs et vos peines individuels. Quand vous avez faim, il n'y a que vous qui avez faim ; quand vous mangez, il n'y a que vous qui êtes rassasié. C'est votre expérience individuelle. Dans votre esprit, vous avez des pensées spécifiques que les autres ne partagent pas. Il n'y a rien de mystique à admettre l'individualité de son corps, de son esprit, de ses pensées, de ses sentiments, de son image, de son ego ; mais le « c'est moi » n'est pas la réalité suprême.

# INDIVIDUALITÉ ET FAIRE

Vous pensez, parce que vous faites des choses, être celui qui les fait. Avoir le sentiment d'être celui qui fait est une méthode pour s'accrocher à l'illusion de l'individualité. Si vous êtes une entité permanente, si vous possédez une véritable individualité, pourquoi ne restez-vous pas fidèle à vos décisions? Vous vous choisissez un romantique partenaire et le lendemain vous ne vous en souciez plus. Le soir, vous décidez de vous lever tôt le lendemain matin, mais le lendemain, vous restez couché. Vous décidez, à partir d'aujourd'hui, de n'être plus jaloux, mais le lendemain vous retombez dans votre vieux pattern. Si vous agissez avec amour à un moment donné, pourquoi n'agissez-vous pas toujours avec amour?

Quand vous approfondissez la question, vous réalisez qu'il n'existe pas d'individualité qui choisisse ceci ou cela. Certaines tendances accumulées au cours de nombreuses années, ou de nombreuses vies, dirigent votre ensemble corps/esprit. Il existe des *gunas*, des forces de la nature, à l'œuvre dans votre corps et dans votre esprit. Nous appelons ces gunas *sattvaguna* quand vous vous sentez lucide et en harmonie; *rajoguna* quand vous vous sentez agressif et ambitieux; et *tamoguna* quand vous vous sentez léthargique et paresseux. Exactement comme les saisons ne cessent de changer, ces gunas changent aussi constamment, et votre corps et votre esprit agissent différemment en fonction du changement de ces énergies. Comme vous n'avez pas la lucidité de reconnaître ces forces de la nature et comme vous n'êtes pas en contact avec les tendances intrinsèques qui vous font faire certaines choses, vous prenez le crédit de ce que vous faites.

L'individualité est comme une ombre : elle est là, et vous êtes capable de la voir, mais en même temps elle n'est pas là. Le reflet dans le miroir est là, mais en même temps il n'est pas là. Vous voyez son absence aussi bien que sa présence et vous vous détachez de vous-même. Comme une bulle dans l'océan, peu importe où vous surgissez, vous êtes toujours entouré d'eau ; peu importe où vous surgissez, vous ne surgissez jamais que dans l'eau. Vous vous mouvez librement, agissez librement, étreignez librement parce que vous ne craignez rien et parce qu'il n'y a rien à perdre et rien à gagner.

# CÉLÉBREZ

Nous avons besoin, vous et moi, d'apprendre à célébrer beaucoup, beaucoup plus. Quand vous passez l'aspirateur, vous faites de votre mieux. C'est votre ego qui crée la fragmentation : « Je devrais aller à l'église ; je devrais méditer ; je devrais... » Non, ce que vous faites est bien. Si Dieu est partout, Dieu est là aussi quand vous passez l'aspirateur. C'est l'attitude que vous avez face à une action donnée qui vous révèle ou ne vous révèle pas Dieu. Vous êtes graduellement obligé de vous ouvrir à cette acceptation, à cet abandon, à cette célébration.

Dans le livre de votre vie, il y a de nombreux chapitres éparpillés çà et là, remplis de moments resplendissants de paix, d'amour, de joie, de partage et de confiance. Vous pouvez entrevoir une dimension supérieure de la conscience en prenant conscience de ces moments simples et innocents. Chaque fois que c'est vous qui menez, rappelez-vous que vous agissez formidablement bien. Rappelez-vous votre point focal ou quelque prière, quelque chose qui vous touche et vous émeut. Si vous faites les choses sans être conscient de les faire, vous passez à côté de cette dimension de conscience appelée illumination ou réalisation de soi. Faites de bonnes choses et soyez conscient de les faire.

Reconnaître la bonté, c'est reconnaître Dieu en soi dans chaque situation. Quand ces moments vous visitent, vous êtes submergé, électrisé, transporté ; mais il faut être présent pour les saluer. Si vous pensez qu'il est égotiste d'admettre quelque chose de bon concernant vous-même, alors vous n'êtes pas vraiment prêt à décoller, et vous restez bloqué. La vie vous stimule à décoller dans cette dimension de liberté. Ces moments-là ont une nature mystique. Même si vous rencontrez quelqu'un après une longue absence, la même extase vous envahit. Essayez de saisir ces moments.

Au début, il vous est impossible de travailler dans l'abstrait; servez-vous d'un point focal comme ancre pour l'esprit. Le point focal est une pensée que vous avez délibérément choisie pour vous rappeler votre paix, votre conscience, votre aspiration. Quand vous n'êtes pas contraint de penser à quelque chose de spécifique, vous vous rappelez votre point focal. Quand vous êtes obligé de penser à d'autres pensées, dites à votre point focal que vous vous en allez; quand vous revenez, avertissez-le aussi. Les grandes entreprises ont un système de sécurité. Il est impossible d'en sortir sans autorisation; pour y revenir, il faut obtenir de nouveau l'autorisation. Laissez votre point focal travailler pour vous comme système de sécurité. Votre point focal pourrait être une rose, votre respiration, le nom de Jésus ou de Marie, quelque chose qui vous touche au cœur. La conscience de ce simple point focal vous inspirera.

# DÉVELOPPEZ UNE ROUTINE

Quand vous allez au bureau, vous êtes obligé de vous habiller de telle ou telle façon, d'être présent à certaines heures précises, d'avoir vos rendez-vous au moment prévu. Mais quand il s'agit de Dieu, vous le prenez pour acquis. Si vous êtes capable de vous montrer ponctuel au bureau, ne pouvez-vous pas trouver de temps fixe pour être avec Dieu ? Si vous avez un point focal et si vous vous organisez une routine, vous tirerez plaisir de la conscience universelle, et rien ne viendra vous barrer le chemin.

Vivez un instant à la fois et permettez-vous de vous absorber dans le doux espace de votre propre gentillesse et de votre calme. Vous y expérimenterez l'espace d'amour universel, de lumière et de joie par-delà l'individualité. Transcender votre individualité et réaliser l'unicité de la vie est la plus grande chose que vous puissiez accomplir. Une fois atteint cet état de conscience, vous êtes libre pour toujours, délivré de vos peurs pour toujours. Vous n'avez pas d'autre choix que de sourire, pas d'autre choix que d'aimer, pas d'autre choix que de vous abandonner.

# OUVRIR VOTRE CŒUR

Si nous achetons un billet de loterie, c'est que nous avons foi en cette loterie. Si nous avions autant foi en la grâce de Dieu qu'en la loterie, nous aurions toute la foi nécessaire pour recevoir cette grâce de Dieu. Si vous jetez à la mer une bouteille hermétiquement scellée, l'eau n'y pénétrera pas. Mais si vous enlevez le bouchon et jetez la bouteille, l'eau y entrera. Votre cœur est pareil à cette bouteille. Il doit être ouvert. Si vous n'êtes pas ouvert, la grâce Divine ne peut ni vous pénétrer ni vous saturer.

Devenir vous aide à « vous » réaliser, mais il n'est jamais garanti que devenir vous révèle votre être. Même si vous ne devenez rien et ne réussissez rien, il vous est possible d'être en contact avec votre être. Une personne peut être devenue ce qu'elle voulait devenir mais n'être pas en contact avec son être réel. Quelqu'un d'autre peut n'être pas devenu ce qu'il voulait devenir, et pourtant être lui-même et être en contact avec son être. Il est possible que nous soyons en relation avec l'être et que nous ayons des aperçus de l'être, mais que nous ne le reconnaissions pas et ne le saisissions pas. Rappelez-vous maintenant pendant un moment une expérience de vie très paisible, électrisante ou satisfaisante pour vous. Essayez d'entrer en relation avec votre être de ce moment-là. Être est liberté, et liberté signifie célébration de l'être.

À cause de notre attachement aux plaisirs, nous pensons : « Quand je serai libre, j'aurai du bon temps. » C'est pure ignorance de penser de la sorte. La liberté veut dire ne pas craindre la douleur. Vous pouvez partager, subir, défier et transcender la douleur de la pauvreté, de la maladie, de la solitude, de la jalousie, de la haine, etc. Il faut réaliser que la douleur n'est qu'un simple fait de la vie. Plus nous en avons peur, plus nous augmentons la douleur. Plus nous la défions, plus nous la transcendons. Entrez en contact avec votre douleur. Épinglez-la. Qu'est-ce qui vous fait mal ?

# AIMER ÊTRE

Il y a quatre besoins fondamentaux dans la vie.

D'abord, il y a la santé. Que nous croyions en Dieu ou non, nous voulons tous être en bonne santé. Même pour apprécier les plaisirs, il faut être en bonne santé.

En deuxième lieu, il y a l'argent. Nous voulons manger, avoir une maison, des vêtements, une voiture. Tout cela requiert de l'argent.

En troisième lieu, il y a les relations. Si personne ne m'aime et si je n'aime personne, je me sens seul. Aucun humain ne veut être ignoré et négligé. Nous voulons tous être aimés. Exactement comme le corps a besoin de nourriture, l'esprit a besoin d'amour, de reconnaissance et d'appréciation. Les trois premiers besoins appartiennent au domaine du devenir.

En quatrième lieu, il y a l'harmonie, l'entrée en contact avec l'être. Le quatrième besoin appartient au règne de l'être. Être aimé pour n'importe quoi d'autre qu'être implique inévitablement une perte. Tous ceux qui me soutiennent mourront un jour. Chaque jour, je perds un peu de ma jeunesse et de ma vitalité. Ainsi, la personne qui ne m'aime que pour mes qualités ne m'aimera plus si je continue de les perdre. L'esprit se plaît à penser: «Cette personne m'aime pour mon être», mais c'est du non-sens. L'autre vous aime parce que vous avez quelque chose

186

d'aimable en vous. Vous êtes peut-être doux, beau, riche, intelligent ou compatissant, mais dès l'instant où vous perdez cette qualité, l'amour de l'autre diminuera. Le jour où vous êtes capable d'aimer quelqu'un juste pour son être – dès l'instant où vous êtes capable d'aimer être –, la personnalité s'efface.

Tout est un partout. Votre être à vous n'est pas séparé de son être à elle ; son être à elle n'est pas séparé de son être à lui ou de mon être à moi. Alors, qui aime qui ? Quand vous atteignez cette dimension de l'être, il vous est impossible de faire autre chose qu'aimer parce que vous *êtes* amour. Plus vous êtes en contact avec votre être, plus vous exsudez l'amour. Vous n'avez pas à faire quoi que ce soit. C'est automatique.

Peu importe ce que vous devenez dans le domaine du devenir, si vous n'êtes pas en contact avec votre être, vous ne vous sentirez jamais en sécurité. Peu importe ce que vous avez réussi dans la vie, au moment de mourir, vous ne ressentirez pas la réussite à moins d'avoir expérimenté votre être. Si vous n'avez pas été en contact avec votre être, vous mourrez avec l'impression de n'avoir pas réussi ce que vous vouliez réussir. Vous n'aurez pas connu votre Moi, celui qui connaît tout. Il est bon de ne pas avoir le sentiment d'avoir réussi parce que cela vous inspire et vous stimule à chercher le Divin, à chercher l'Essence de la vie.

# Savourez l'instant

Qu'attendez-vous de vous-même ? Que voulez-vous devenir ? Que devriez-vous devenir pour être vous-même ? N'êtes-vous pas déjà votre moi ?

L'énergie que vous mettez à devenir est tellement intense qu'il ne vous en reste plus pour être. Vous êtes cet être maintenant ; mais si votre esprit est mobilisé à devenir quelque chose dans une heure, dans un jour ou dans un an, vous n'apprécierez pas l'instant présent. Pour explorer votre relation avec l'instant, mettez-vous en contact avec l'instant et célébrez-vous d'être comme vous êtes.

# UN LIEU DE REPOS
# POUR L'ESPRIT

Vous avez un garage pour votre voiture, une armoire pour vos vêtements, une étagère pour vos livres et une chambre pour vous reposer. Avez-vous un lieu de repos pour votre esprit ?

Si vous n'en avez pas, pouvez-vous vous plaindre que votre esprit n'est pas en paix et n'est pas centré ? Toutes les expériences de la vie filtrent à travers l'esprit. Sans l'aide de votre esprit, vous ne pouvez apprécier ni votre épouse ni votre voiture ni vos amis ni rien. Chaque chose vous atteint à travers votre esprit, et pourtant vous ignorez l'esprit.

# TROUVEZ UN POINT FOCAL

Le point focal est un lieu de repos pour l'esprit. Mon point focal peut être un mantra, et le vôtre, votre respiration. Je peux me focaliser sur la conscience de la conscience, et vous sur l'image de Jésus ou de Marie. Les chutes du Niagara peuvent me servir de point focal, et vous pouvez vous focaliser sur : « Je suis qui je suis. »

J'aime les chutes du Niagara. Je suis exigeant pour ce qui est d'aimer et de faire confiance, mais cette énorme masse d'eau tombe avec une telle impassibilité. Chaque seconde, elle s'abat : Boum.. Boum... Boum. Je veux que mon amour me grise au point que chaque seconde de mon existence j'aie l'expérience de l'Amour... Amour... Amour. Boum... Boum... Boum.

Quand vous n'avez rien à organiser ni à penser, admettez que vous n'avez plus besoin de penser. C'est le temps pour votre esprit de se reposer. Pour laisser reposer votre esprit, visualisez un point focal. Si vous ne le faites pas, comment serez-vous en contact avec votre être et comment ne pas vous laisser distraire et effrayer par le devenir ?

D'abord, convainquez-vous du besoin d'un point focal. Ensuite, choisissez-en un. En troisième lieu, mettez-vous en contact avec votre point focal en le maintenant dans votre conscience chaque fois que vous n'avez pas à penser ni à faire de plans. Et finalement, appréciez-vous d'être à l'unisson avec votre point focal. Quand vous vous rappelez un beau moment ou un bel objet, vous en tirez un plaisir répété, aussi choisissez un point focal qui soit beau pour vous et chaque fois que vous vous en souvenez, célébrez.

# VIVRE SANS FILET

Vous pensez que vous faites. Vous avez basé votre image de vous sur ce faire. Mais si vous étiez capable de comprendre que vous n'avez jamais rien fait, que vous ne faites jamais rien et que vous ne ferez jamais rien, vous réaliseriez l'être qui est libre de votre image et de votre devenir. Les concepts de libre arbitre, d'auto-perfectionnement et de devenir sont forts en vous parce que vous ne vous faites pas confiance. À moins d'observer et de faire confiance au processus de déploiement de la vie, vous risquez de devenir un adulte qui a toujours besoin d'un filet de sécurité. Si vous pouviez voir que, maintenant que vous êtes adulte, vous n'avez plus besoin de filets, vous célébreriez votre arrivée à l'âge adulte et seriez débarrassé de vos craintes. Des êtres comme Krishna, Jésus, Bouddha, saint François et Maître Eckhart sont très peu nombreux. Ils vivaient sans filet.

Vous pensez que si vous ne vous contrôlez pas vous pourriez ne pas vous comporter comme il faut. Vous vous méfiez de vous-même. Votre esprit sait que chaque fois que vous blessez quelqu'un volontairement ou involontairement, vous vous blessez aussi. Avez-vous besoin de vous répéter constamment de ne pas vous jeter devant les voitures ? Dans le cours de la vie, votre corps et votre esprit apprennent comment manger, comment se comporter, comment être bons et aimables, comment être en harmonie. Si ces choses arrivent naturellement dans le cours de la vie, pourquoi vous créez-vous ce fardeau de penser que vous devez les *faire*?

# AVOIR CONFIANCE
# EN LA FORCE DE VIE

Il y avait un jour un voyageur dans un train. Il n'avait jamais pris le train et portait ses bagages sur la tête. Quelqu'un lui demanda pourquoi.

– C'est la première fois que j'ai le privilège de prendre le train, dit l'homme. Je sais que le train est capable de me transporter, mais je ne sais pas s'il peut transporter le poids supplémentaire de mes bagages.

Vous transportez vos bagages sur la tête parce que vous ne faites pas confiance en la Force de Vie. Dès l'instant où vous faites confiance, vous êtes libre.

Plus vous vous défaites des réussites et des réalisations qui appartiennent au domaine du devenir, plus vous appréciez votre liberté d'être pur. Vous êtes cet être qui supporte tout l'attirail du devenir. Peu importe ce que vous devenez, il vous est impossible de devenir *être*. Peu importe ce que vous ne pouvez pas devenir, vous *êtes* déjà.

Voyez la plénitude d'être. Quand votre cœur éprouve de l'amour pour votre chien ou pour votre enfant, pensez-vous : « Ce n'est pas le grand amour qu'éprouve Mère Teresa ou qu'éprouvait Jésus » ? Votre richesse ou votre pauvreté, votre beauté ou votre laideur, votre intelligence ou votre bêtise n'ont pas d'importance. Le sentiment de l'amour est un sentiment pur.

Tout ce que vous faites, faites-le de votre mieux. Quand vous faites de votre mieux, vous êtes automatiquement libéré du sentiment de faire. Au début, vous êtes quelqu'un qui fait, alors efforcez-vous d'être le meilleur « faiseur ». Quand vous êtes désespéré et compulsif, acceptez ce rôle-là aussi. Et quand il disparaît, redevenez le meilleur faiseur et voyez comment vous faites ce que vous faites. Quand vous êtes capable de le comprendre, vous vous rendez compte qu'en réalité ce n'est pas vous qui faites – cela se produit, simplement. Dans le processus de la vie, vous sentez que vous avez faim ; dans le processus de la vie, vous mangez. Dans le processus de la vie, vous avez sommeil ; dans le processus de la vie, vous vous endormez. Dans le processus de la vie, vous apprenez que rendre les autres heureux vous procure une grande joie.

Il ne faut pas se discipliner pour aimer un film. Il ne faut pas se discipliner pour aimer. Le fardeau, c'est aimer parce que vous « devez » aimer. Aimer, c'est tirer plaisir d'une expansion de vous-même. Être bon, doux, aimant ne sont que des expressions de votre conscience. Certains ne sont pas capables d'avoir confiance en cela.

Quand vous vous faites confiance, vous faites confiance en la Force de Vie à l'œuvre à travers vous. Quand votre ego intervient, vous pensez : « Je dois réussir quelque chose. Je dois devenir quelque chose », mais la Force de Vie en vous vous a amené à devenir ce que vous êtes devenu et vous amène à devenir ce que vous deviendrez. Ne la confondez pas avec le déterminisme. La Force de Vie est absolue en soi et s'exprime à travers chacun de nous. Plus vous faites confiance en la vie, plus vous l'abordez librement, plus vous voyez l'éclat de l'être briller partout.

# CONNAÎTRE SON ESSENCE DIVINE

Je suis Divin et je m'efforce de rappeler à mes amis qu'ils sont Divins, en ce sens qu'un processus Divin se poursuit dans toutes nos expériences, dans tous nos problèmes, dans toutes nos peurs et dans tous nos fantasmes. Dans ce processus Divin, nous expérimentons des vérités de plus en plus hautes, des contextes de plus en plus profonds et de plus en plus beaux. C'est un processus d'épanouissement simplement normal. Quand nous ne le percevons pas correctement, nous ne nous aimons pas et nous n'aimons pas les autres ; nous nous jugeons nous-mêmes ou bien nous jugeons les autres.

# Voir la vie
# de manière impersonnelle

Quand nous sommes capables de percevoir le processus qui a cours, nous voyons la vie d'une manière imper-sonnelle. Tant que nous prenons les choses d'une manière personnelle, notre individualité ou notre ego – qui a peur, qui juge et compare – se met en travers du chemin. Si l'on pouvait demander à une fleur: «Qu'est-ce qui te rend si belle, odorante et vivante?», la fleur répondrait: «Je tire plaisir de l'expérience d'être belle, odorante et vivante, mais en réalité je ne fais rien pour l'être.» C'est un concept très difficile à comprendre que la vie fleurit d'elle-même et qu'elle est dotée d'une force intrinsèque. Pour le réaliser, il faut atteindre un stade supérieur de vérité.

Quand vous rêvez, vous assumez la responsabilité de ce que vous faites dans votre rêve; mais quand vous vous réveillez, vous vous rendez compte que le rêve ne faisait que se dérouler, que vous étiez un produit du rêve et que vous couliez simplement avec lui. Dans votre rêve, un per-sonnage était peut-être fourbe et blessant ou bien doux et aimable, mais à votre réveil, vous savez qu'il n'y avait pas de «personnage»; ce n'était que vous qui vous manifestiez sous forme d'amis et d'ennemis.

Pensez à quelqu'un que vous considérez comme un bon à rien ou à quelqu'un que vous détestez. Si vous demandiez aimablement, objectivement à cette personne: «Que cherches-tu ? » Elle vous répondrait : « Je cherche la liberté, la beauté, l'amour, la lumière et la joie. » S'agissant de notre véritable quête, de notre véritable aspiration, il n'y a aucune différence entre nous. Que nous soyons bons ou mauvais en surface, nous cherchons tous la même chose. Nous avons tous faim, nous ressentons tous le froid, nous avons tous besoin d'eau et, parce que nous provenons tous de la même Source Divine, nous La cherchons tous. Peu importe à quel point vous pensez être mauvais, tâchez de vous rendre compte qu'il ne s'agit que d'une phase passagère de votre épanouissement Divin.

Comme quand une femme est enceinte pour la première fois et qu'elle se regarde dans le miroir. Elle pense : « Comme je suis laide, je suis affreuse ; ma beauté charmait celui que j'aimais, mais à présent je risque de la perdre et je risque de le perdre lui aussi parce que je ne suis plus la même. » Cela n'a pas de sens ; son gros ventre porte quelque chose de très tendre. En dépit de nos échecs, nous portons en nous la tendresse de l'accomplissement Divin, de la vérité Divine et de la compréhension Divine.

# La véritable réussite

Sur quoi vous basez-vous pour déterminer si vous avez ou non réussi? Vous estimez avoir réussi si vous avez un bon travail, si vous êtes capable de séduire, si vous possédez la plus belle maison, si vos enfants bénéficient d'une bonne instruction. Vos comparaisons terrestres vous occupent tant que vous perdez de vue votre but ultime, votre croissance ultime. Demandez-vous: «Quelle est la forme suprême de réussite?» Si vous avez l'intuition de la réponse, vous avez l'intuition de l'essence de cette réussite que vous cherchez, et dans ce contexte il vous est alors possible de décider si vous avez réussi ou non.

D'un point de vue philosophique, si votre esprit vous rappelle constamment votre montre ou certains de vos amis, comment pouvez-vous apprécier la plénitude de votre propre être? Est-ce le but ultime de toujours charrier tant de pensées? Si c'est vraiment votre objectif ultime, alors devenez plus intelligent encore et décidez délibérément à quel portefeuille, à quelle montre ou à quel ami vous voulez constamment penser.

D'un point de vue psychologique, vous vous préoccupez de quelque chose uniquement parce qu'elle vous ramène à vous-même. Nous nous préoccupons les uns des autres uniquement tant que nous sommes capables de ressentir l'essence même de notre être. Si vous m'éloignez de moi, je vous aimerai pendant un certain temps, mais ensuite je vous détesterai parce que je me sentirai vidé et dépendant.

Quelque chose manquera dans ma vie. La joie de vivre commence quand on est ramené à l'essence de son être. La véritable réussite arrive quand je suis moi et quand vous êtes vous. Les expériences que nous vivons ne sont que des hauts et des bas inévitables dans le flux de la vie, comme les vagues d'un vaste océan. Elles vont et elles viennent.

Votre costume n'est pas votre corps. Il est bon pour votre corps; il le protège; il peut le rendre beau; mais il n'est pas le corps. De la même façon, tous vos échecs et toutes vos réussites ne sont pas vraiment vous. Quand vous regardez les choses de ce point de vue plus élevé, alors vous vous laissez simplement couler avec le flux de la vie sans vous sentir accablé ou porté à juger.

— Dieu est-il vraiment ici et maintenant? me demanda un de mes amis. Ou bien faut-il le trouver ailleurs, dans un autre espace et dans un autre temps?

— Qu'en penses-tu? lui demandai-je.

— Je pense que les deux sont vrais, dit-il. Psychologiquement, j'ai l'impression que Dieu est quelque part à l'extérieur de moi parce que je n'éprouve pas toujours la paix, la béatitude ou l'amour désintéressé; parfois, je me sens seul, jaloux, craintif ou distrait. À un niveau plus profond, je me dis que si Dieu existe vraiment, alors Il doit être partout: dans les moments difficiles, dans les endroits durs, dans toutes les situations, dans tous les êtres. Dès lors comment me soustraire de cette présence universelle de Dieu? Comment pourrais-je en être séparé?

La question doit être abordée à partir de deux angles différents. Psychologiquement, on se sent séparé; mais philosophiquement, quand on ouvre son cœur à cette Vérité plus grande, l'esprit commence à se fondre dans cette Vérité plus haute comme le moi du rêveur se perd dans son moi éveillé. Comme celui qui rêve, vous semblez loin de votre lit. Quand vous vous réveillez, vous vous rendez compte:

« Je rêvais. Voici mon lit et ma belle partenaire. » Dans un sens psychologique, nous sommes loin, loin de Dieu, de l'Essence Divine ; mais dans un sens philosophique, nous devons réaliser que nous sommes dans le giron Divin et que nous ne sommes rien d'autre que cette énergie Divine. Il n'y a pas de Shantanand, pas de Jacques, pas de Jim, pas de Anne. Ma langue, mes doigts, mes dents ne possèdent pas d'individualité propre. Dans un rêve, il y a différents personnages, mais ces personnages n'ont pas d'individualité propre et indépendante.

Nous avons tous des convictions : « Je devrais m'alimenter de telle ou telle façon, je ne devrais pas fumer, je ne devrais pas boire, je ne devrais pas avoir des aventures, je devrais méditer chaque jour, je devrais étudier. Comme je ne fais pas tout cela, je suis un bon à rien. Pauvre moi. » Si vous rencontrez quelqu'un pendant que vous vous faites jouer dans votre cœur cet enregistrement du « pauvre moi », pensez-vous que cette personne voudra rester avec vous ? Elle se demandera si ce n'est pas *elle* plutôt, la pauvre, obligée de vous subir dans sa vie. Quand vous agissez comme un pauvre malheureux, vous attirez de pauvres malheureux qui n'ont pas d'eux-mêmes une image puissante et saine et qui ne sont pas transparents d'amour, de paix et d'acceptation. Vous avez édifié de nombreuses convictions négatives autour de vous-même. L'objectif de la vie spirituelle est de briser toutes ces convictions parce qu'elles sont complètement fausses.

# L'INTÉGRITÉ

Quand nous voyons clairement les choses, nous développons un sentiment d'intégrité. Quand nous avons une piètre image de nous-même, nous n'avons pas ce sentiment d'intégrité.

J'ai essayé beaucoup de choses difficiles dans ma vie. Laissez-moi vous dire très humblement que j'ai échoué; aussi, maintenant j'ai commencé à essayer des choses plus faciles. J'échoue encore parfois, mais cela n'a pas d'importance. Qu'est-ce que je veux prouver? Qu'est-ce que je veux expérimenter? Si je devenais Jésus ou Moïse, le monde ne continuerait-il pas de mourir comme il meurt? C'est un processus. Le fleuve coule toujours vers la mer. Cela ne veut pas dire qu'il ne faut pas construire de canaux et qu'il ne faut pas se servir de l'eau pour l'irrigation. La vie et la mort participent du flux universel. Nous devrions tous faire tout notre possible pour être grands comme Mère Teresa, Jésus ou Moïse, mais il n'y a rien de mal à être soi-même.

# LA PREMIÈRE DES PRIORITÉS

Pour vous accepter avec une telle ouverture, vous devez développer un sentiment d'intégrité. Et vous n'en êtes capable que si vous discernez clairement vos priorités. La première de vos priorités est-elle votre santé ? Vos relations ? L'argent ? Ou bien atteindre à l'harmonie par la méditation ? « Priorité numéro un » signifie orienter le maximum de votre temps, de votre énergie, de votre argent dans cette seule et même direction. Vous ne ressentirez de ferveur dans votre vie et n'éprouverez pas de sentiment d'intégrité avant d'être sûr d'être resté fidèle à la première de vos priorités.

Nous voulons tous que notre amant soit fidèle – mais nous nous trompons l'un l'autre et nous nous trompons nous-mêmes. Nous décidons de méditer, mais méditons-nous ? Nous décidons de ne pas être paresseux ou compulsif, de ne pas nous éparpiller, mais nous contrôlons-nous ? Quand cette fragmentation existe en nous-mêmes, comment être heureux ? Si je ne suis pas heureux de moi-même, comment pouvez-vous me rendre heureux ? Il faut du temps pour se rendre compte que le manque de bonheur naît de soi, et non pas des autres. Nous aimons penser que les autres sont responsables de notre malheur parce qu'ainsi nous gardons bonne opinion de nous. Mais quand nous creusons plus, nous réalisons que personne sur terre ne peut nous rendre heureux ou malheureux. Notre bonheur ou notre malheur dépendent de notre propre intégrité.

Vous êtes Essence Divine et l'Essence Divine est partout. Si vous donnez quelque chose d'une main et si vous vous sentez blessé de ne pas recevoir de l'autre main, vous êtes stupide. Vous vous exprimez tantôt par cette main-ci, tantôt par cette main-là ; c'est ainsi que vous tirez plaisir de votre plénitude. Vous devez vous rendre compte que tout n'est qu'un en vous : le bien, le mal, la beauté, la laideur, la grandeur, la mesquinerie – tout.

Ne devenons pas trop sérieux. Je pense que le but de la vie est d'être enjoué et joyeux. Votre esprit agit parfois stupidement, parfois sagement, parfois de façon compulsive, parfois avec discrétion. Quand vous acceptez toutes les phases de la vie, vous pouvez vous permettre de jouer et de célébrer.

# LA DÉVOTION

Il faut réfléchir aux complications et aux pressions qui s'exercent à travers cette personnalité ou cette conscience individuelle. Si Dieu est votre priorité numéro un, méditez autant que vous le pouvez. Voyez l'importance des relations terrestres par rapport à l'harmonie avec le Divin; et voyez la valeur que vous attribuez à l'argent. Si je perds cent dollars, je m'en souviens pendant des jours et des jours; mais si j'oublie Dieu, qui s'en soucie?

# Développer le détachement

Nous développons le détachement uniquement dans une dimension plus haute de l'harmonie et de la croissance. J'étais très attaché à mes jouets, mais quand j'obtenais quelque chose de mieux, j'y renonçais automatiquement. À ce stade-ci de conscience, nous nous accrochons aux biens matériels. Nous faisons semblant d'être saints, mais nous savons que nous nous accrochons.

Si la réussite vous enthousiasme et si l'échec vous déprime, trouvez une chose à laquelle vous pouvez vraiment vous vouer. Nous nous vouons rarement. Ceux que nous considérons comme de grands personnages se vouent à quelque chose. Certains se vouent à la musique, d'autres au tennis, d'autres à la méditation. Quand vous vous vouez à quelque chose, vous développez la ferveur et la béatitude. Quand vous vous vouez à quelque chose, vous transcendez le sentiment d'échec et de réussite. Quand vous vous vouez, réussir ou échouer n'ont pas d'importance ; vous tirez plaisir du simple fait de vous être voué.

# OFFRANDES À VOTRE BIEN-AIMÉ

La dévotion révèle l'Essence Divine et le processus Divin qui s'épanouit à travers vous. Quand vous n'avez rien à faire, rappelez-vous votre point focal. Il est un symbole de votre conscience pure et de votre pur amour. Votre esprit se sentira graduellement plus à l'aise et plus proche de ce symbole. L'entraînement spirituel consiste à bâtir la conscience de ce point focal de façon à ce que l'esprit soit plus décontracté et plus à l'unisson. Au bout du compte, quand vous êtes conscient de votre amour et de votre point focal, vous devenez plus sûr de vous, plus aimant, plus aimable et plus libre.

On choisit un symbole parce qu'il est impossible d'entrer directement en contact avec l'amour pur et la conscience et parce qu'il est difficile d'entrer en relation avec la conscience universelle abstraite. Si vous avez un autel ou une image et si vous faites l'offrande d'un peu d'encens ou de quelques fleurs, vous avez l'impression d'offrir quelque chose à votre Bien-Aimé, le Seigneur.

Une autre suggestion pratique : chaque jour, réservez-vous quatre ou cinq minutes pour la méditation. Prenez ces quatre minutes très, très au sérieux. Rappelez-vous qu'elles équivalent à deux cent quarante secondes. Abordez-les avec un sérieux total ; c'est beaucoup de temps. Célébrez chaque seconde avec un sentiment de liberté. Vous êtes toujours tellement pressé. Convainquez-vous que vous êtes capable de vous réserver ces quatre minutes, sans avoir à penser où vous devez aller ou à ce que vous devez faire ou devenir.

Sur ces quatre minutes, gardez-en une pour relaxer et savourer le calme. Ne pensez ni à Dieu ni à votre travail ni à vos relations. Imaginez que vous vous êtes retiré de tout pendant une minute. Soyez total. Ne vous faites pas de souci. Cessez de ressasser vos pensées et cessez de fantasmer. Même si votre esprit ne peut s'empêcher de penser, ne pensez et ne ressassez pas de pensées volontaires. Si des pensées involontaires arrivent, laissez-les venir et s'en aller, comme les nuages vont et viennent. Soyez au repos.

Consacrez deux de vos quatre minutes à votre mantra, à votre respiration, à votre conscience, en fait à ce que vous avez choisi comme point focal. Amenez votre esprit à votre point focal. Laissez votre esprit s'en saturer comme si votre esprit, votre point focal et vous étiez un. Si vous méditez sur les chutes du Niagara, devenez les chutes du Niagara.

Et pendant la dernière minute, visualisez la matérialisation de votre plus grand rêve. Visualisez que vous avez réussi ce que vous vouliez réussir, vous avez accompli ce que vous vouliez accomplir, vous êtes devenu ce que vous vouliez devenir. Maintenant que vous avez tout accompli, tout fait et que vous êtes devenu ce que vous vouliez devenir, notez que vous êtes devenu vous-même. Vous êtes complètement comblé et satisfait. Votre moi n'est conscient d'aucune réussite, d'aucune action, d'aucune possession. Il jouit d'une profonde satisfaction et d'une profonde paix.

Dans le livre *Le Tao de la physique*, l'auteur Fritjof Capra mentionne que les hommes de science sont capables de mesurer le mouvement des particules dans un laps de temps d'un millionième de seconde. Êtes-vous capable de visualiser un millionième de seconde? Essayez. Il ne vous faudra qu'un millionième de seconde. Quand j'ai essayé de le visualiser, je me suis rendu compte que c'était impossible. Le temps n'existait plus; j'avais atteint une dimension dans laquelle j'étais en contact avec mon «être», et c'était comme me trouver au seuil de l'éternité. Êtes-vous capable de visualiser l'éternité? Si vous êtes pleinement dans cet instant précis, vous êtes dans l'éternité. Et si vous essayez, vous vous rendrez compte que vous êtes en contact avec votre être. Il n'y a pas de combat, pas de jalousie, pas de rivalité, rien, juste la paix d'être, comme si tout était là pour vous, beau et organisé de toute éternité.

# L'APPROCHE LOGIQUE
## ET L'APPROCHE SPIRITUELLE

Il est de la nature de l'esprit d'étiqueter les choses. Étiqueter a pour objet de rendre les choses faciles dans la vie quotidienne, mais dans le processus d'étiquetage, les choses se compliquent parfois davantage.

J'ai deux mains. Une que j'appelle la « droite » et l'autre que j'appelle la « gauche ». À moins que je les désigne par un nom différent, vous aurez du mal à comprendre de laquelle je parle. Il est donc utile de savoir que celle-ci est la gauche et celle-là la droite.

Si je favorise une main aux dépens de l'autre, je fais peut-être preuve d'un amour spécial, d'une estime particulière pour l'une, mais je blesse tout le corps, et la main à qui je veux témoigner cette attention spéciale est aussi au bout du compte blessée. Quand vous réalisez l'être pur, vous réalisez l'unité de l'être qui dépasse les domaines de l'Orient et de l'Occident. Mes mains sont séparées et distinctes l'une de l'autre, mais la Force de Vie est identique pour les deux.

Deux approches interviennent simultanément dans la vie. L'une est l'approche logique et l'autre l'approche spirituelle. L'approche logique crée les divisions, les distinctions, les catégories et veut renforcer ces divisions et ces catégories. L'approche spirituelle se concentre sur l'unité, ou le principe fondamental, qui dépasse toutes les divisions, distinctions, religions et différences.

L'esprit logique éprouve beaucoup de difficultés à apprécier l'attitude de l'esprit spirituel. «Aime ton prochain comme toi-même» en est un exemple. Vous voici donc : votre corps, votre esprit, vos plaisirs, vos conforts et vos ambitions. Pourquoi devriez-vous partager ? Vous avez lutté pour réussir dans la société – pourquoi seriez-vous la dupe ? Est-il possible d'être à la fois sage et dupe ? Voilà un problème auquel sont confrontés les êtres humains ordinaires.

Quand nous sommes évolués, nous voyons les choses différemment. Quand nous aimons et quand nous donnons, nous ne nous considérons pas comme des dupes, mais nous réalisons la joie et la beauté d'une dimension plus haute de la vie. Quand vous aimez votre enfant, êtes-vous une dupe ?

Si l'attitude logique influence votre approche, vous créez des barrières de nationalité ou de religion. Ce qui est bon pour notre croissance, c'est de nous sentir unis, citoyens d'un même pays, avec un objectif commun, des liens communs et une même ferveur afin de mettre tous les efforts dans une même direction et de partager les effets de l'effort commun.

En tant qu'êtres isolés, nous ne pouvons rien réussir. Quelqu'un d'autre a produit et cousu le tissu de ma chemise. Quelqu'un d'autre quelque part a construit et vous a livré la voiture que vous conduisez. Nous sommes interdépendants et nous ne pouvons survivre comme êtres isolés. Pourtant, il faut une petite touche d'indépendance et d'autoresponsabilité pour apprendre à devenir une partie du tout. Vous devez vous accepter vous-même en tant qu'être isolé pour vous occuper de votre nourriture, de vos exercices, de votre harmonie et de vos besoins quotidiens. Mais si vous persistez à penser uniquement en termes d'être isolé, alors il n'y aura pas de relations entre vous, vos amis, vos enfants et les autres êtres humains ; il y aura un sentiment de solitude. Ceux qui souffrent de solitude sont ceux qui n'ont pas été capables d'élargir leur cœur et leur conscience dans des actes désintéressés. C'est dans de tels actes que fleurit la beauté de l'âme, la richesse de la vie.

Nous devons être responsables individuellement, mais pour que nos vies soient joyeuses et significatives, nous devons aimer et nous préoccuper des autres. Sinon, pourquoi vivre ? Si je ne vous fais pas confiance, ou si vous ne me faites pas confiance, nous aurons toujours peur et resterons toujours à l'écart, parce que vous pourriez me blesser ou je pourrais vous blesser. Le facteur confiance est impératif, et la confiance s'installe quand nous brisons nos barrières. Avec cette compréhension-là, nous pouvons explorer les différences et les similitudes fondamentales entre l'Orient et l'Occident.

# PURETÉ ET PÉCHÉ

La première différence qui vient à l'esprit est le concept de péché et de culpabilité d'une part, et le concept de pureté Divine de l'autre. L'approche orientale ne met pas beaucoup l'accent sur le péché. L'approche occidentale y insiste plus. Quand vous reconnaissez un péché, vous assumez le fardeau du péché. En Orient, on nous enseigne que tout le monde est Divin et que chacun à sa manière essaie de faire de son mieux pour réaliser cette Divinité. Le bouton s'épanouit naturellement pour devenir fleur, et ainsi chaque âme fleurit naturellement dans l'éclat Divin de beauté, d'amour et de joie.

En général, l'Orient ne reconnaît pas qu'une personne puisse quitter le droit chemin et finir en enfer. Pour l'Orient, l'enfer n'est pas permanent. Si vous vous égarez un peu et si vous vous retrouvez dans quelque enfer ou paradis imaginaires, vous n'y resterez pas en permanence. La demeure Divine, conçue pour tout le monde, est le seul lieu où vous puissiez rester en permanence.

Cette approche est libérale. Elle n'enseigne pas que vous devez être très pur, très saint et très discipliné pour vous retrouver dans cette demeure Divine ou recevoir la bénédiction de votre libération. Elle implique plutôt que chaque goutte d'eau finit par rejoindre l'océan. Une masse d'eau peut être très pure, une autre très souillée; mais quand l'eau suit son cours, elle rejoint l'océan. Comme chaque âme cherche le bonheur, et comme le bonheur n'est nulle part, excepté dans l'Essence Divine, chaque âme doit se rendre compte ultimement qu'elle a pu être distraite. Alors chaque âme doit revenir sur ses pas pour pouvoir atteindre cette Source de bonheur, à la fois Divine et universelle.

# L'INTÉRIEUR ET L'EXTÉRIEUR

L'approche orientale est plus intérieure, l'occidentale plus extérieure. Les critères de réussite ou de progrès, en Occident, sont extérieurs : qu'êtes-vous capable de faire de vos mains, comment pouvez-vous aider les autres, comment pouvez-vous découvrir de nouvelles choses, comment pouvez-vous apprendre et croître extérieurement. Les critères de réussite et de progrès, en Orient, sont intérieurs : ils mettent l'accent sur la paix, l'harmonie, la sérénité, la satisfaction et l'acceptation de soi. On y insiste plus sur la méditation et sur la contemplation. L'approche occidentale se traduit par des gestes extérieurs ; elle met l'accent sur le bénévolat et sur les actions qui font progresser la vie quotidienne.

Si vous comparez le style de vie des moines, ici, en Occident à ceux d'Orient, vous constatez qu'en Orient, les moines suivent leur inspiration. Leur chemin est un chemin de contemplation et de méditation. Ils consacrent leur temps à chanter, à méditer et à répéter le nom de Dieu. En Occident, les moines prient, méditent et chantent aussi ; mais essentiellement, ils enseignent, prennent soin des personnes âgées et font des choses pour le bien-être de la société. Ici, on met l'accent sur l'action ; en Orient, sur la contemplation.

# ÊTRE ET PENSER

Vous avez sans doute entendu la phrase de Descartes: «Je pense donc je suis. » Son approche est occidentale. L'approche orientale dit: « Je n'ai pas besoin de penser pour être. D'abord et avant tout, je suis. Voilà le commencement. » Voilà le critère fondamental. Vous n'avez aucun moyen de prouver que vous êtes, et vous n'avez pas à penser pour prouver que vous êtes. Vous êtes. Penser à où vous êtes, comment vous êtes et pourquoi vous êtes vient plus tard. Le sentiment d'être est fondamental. En Inde, on utilise le mot *swayamsiddha*, qui signifie « cela va de soi ». Votre existence va de soi.

Je sais que je suis. Je suis conscient de mon être grâce à mon esprit; mais quand mon esprit ne me donne pas conscience de mon être, est-ce que je cesse d'exister? Supposez que les factures à payer ou la conduite de ma voiture distraient mon esprit, est-ce que je cesse d'être? Que je sois conscient de moi-même ou non, je continue d'être. Cela veut dire que l'esprit n'est pas le facteur déterminant de mon être. Mon être est libre et indépendant de ma pensée, de ma conscience superficielle.

Dans les disciplines et les pratiques spirituelles, nous essayons de construire cette conscience d'être – non pas en répétant les mots: « Je suis, je suis », mais *en expérimentant* que je suis. En bâtissant cette conscience de mon être-au-monde, je réalise que la satisfaction, la paix et la joie lui sont intrinsèques. Au début, il ne s'agit que d'un simple concept, une sorte de répétition mécanique; mais quand l'esprit se fond dans le cœur de l'être, il réalise sa propre nature sous la forme de cette satisfaction, de cette paix, de cet amour et de cette joie.

Cette expérience est qualifiée de «mystique». On l'appelle mystique parce qu'on n'est plus limité à la conscience corporelle du «Je suis un Indien, je suis un homme». Quand vous êtes en contact avec votre être pur, vous expérimentez que votre être pur n'est ni indien ni homme ni femme. Votre être est libre de toutes ces distinctions et de toutes ces catégories. Nous appelons l'expérience «mystique» parce qu'elle donne l'expérience d'être Un avec le Tout.

# LA PLÉNITUDE
## DE LA NON-PENSÉE

Quand vous êtes-vous senti le mieux? Si vous pouviez vous en rappeler, vous vous rendriez compte que même si le contexte général était bon, si la personne était agréable et si vous étiez en bonne santé, vous n'étiez pas en contact avec votre corps, votre ami ou le contexte général. Vous transcendiez tout cela. Quand vous transcendez votre corps, votre partenaire et la situation, vous entrez en contact avec votre être. L'impact sur vous a été si puissant qu'il a laissé une empreinte profonde dans votre psyché. Chaque fois que vous prenez plaisir à n'importe quoi – que ce soit regarder un film, boire une tasse de thé ou jouer avec vos enfants –, vous tirez plaisir de ce moment parce que vous allez par-delà la pensée.

Nous perpétuons constamment notre processus de pensée. Ceux qui sont plus évolués ne veulent pas perpétuer la pensée: ils savent que penser est un cercle vicieux qui ne mène nulle part. Je préférerais un espace de non-pensée, de paix et de joie que continuer à me forcer à penser. Il faut du temps, des efforts et de la croissance pour reconnaître la plénitude de la non-pensée.

Il y a trois états: l'inertie, la pensée et la non-pensée. La non-pensée n'est pas l'inertie. Elle est la paix. Dans l'inertie, on n'est pas conscient de la paix; l'esprit a perdu sa conscience normale dans l'inconscience. Dans la pensée, l'esprit est distrait par des pensées de culpabilité, par des pensées concernant le passé ou l'avenir.

Quand vous observez la nature de l'esprit, vous constatez qu'il ne peut rester dans l'instant présent, parce que quand il se focalise sur l'instant présent, il commence à se fondre. Quand votre esprit commence à se fondre, il expérimente la paix qui est par-delà la pensée, et vous êtes conscient d'une satisfaction et d'une plénitude intérieures. Vous êtes conscient d'être, et à l'être il ne manque rien.

# LE CŒUR ET L'ESPRIT

Dans l'approche occidentale, l'esprit est plus puissant – trop puissant. L'Occident accorde trop d'importance à l'esprit qui pense, rebondit, calcule. Les Occidentaux, en général, ne sont pas disposés à accepter ce qui n'est pas passé par le filtre de leur raison. Ils doivent être convaincus. L'approche orientale passe plus par le cœur. Cela ne veut pas dire qu'ici c'est l'amour qui manque et là-bas l'intellect; c'est une simple différence d'accent. Comme l'esprit doute plus et est plus agité que le cœur, là où on met l'accent sur l'esprit il est difficile de méditer, de croire et de faire confiance. Tant qu'il ne réalise pas la beauté du non-mental, l'esprit continue de répéter les mêmes patterns.

Comment êtes-vous capable de vous faire confiance ou de faire confiance à quelqu'un que vous aimez? Il est de la nature de l'esprit de douter. «Je suis riche, mais je pourrais faire une crise cardiaque demain; une guerre nucléaire peut éclater bientôt; je pourrais perdre tout mon argent.» Peu importe à quel point vous êtes superficiellement en sécurité, si vous avez développé un esprit de doute, le doute l'empêchera toujours de se décontracter et de se sentir vraiment à l'aise.

Pourtant, on trouve toujours des gens calmes et joyeux. Et leur état n'a rien à voir avec leur situation extérieure. Ils sont peut-être plus pauvres que vous et moi, leur enfance a peut-être été pénible, mais ils ont développé une attitude de confiance dans le flux Divin de la vie.

Je me souviens des magnifiques paroles de Jésus : « Suis-moi. Laisse les morts enterrer leurs morts. » Cela veut dire : « Développez votre cœur. Si vous me connaissez, pendant combien de temps allez-vous continuer de vous méfier de moi ? Pendant combien de temps allez-vous douter ? » Vous devez vous ouvrir un jour. C'est ainsi que l'on reçoit la grâce de Dieu – à travers la confiance et l'ouverture. Tant que nous insistons trop sur la méfiance et le doute de l'esprit, nous n'atteignons jamais la dimension de la grâce.

Il en va de même dans la vie quotidienne. Vous sortez avec quelqu'un, mais vous ne faites pas confiance. Le problème n'est pas que vous ne fassiez pas confiance à l'autre, mais que vous ne vous faites pas confiance. Ceux qui ont du mal à faire confiance aux autres ont du mal à se faire confiance à eux-mêmes. Il faut beaucoup d'entraînement, de compréhension et de croissance pour réaliser que vous n'êtes pas capable de faire confiance aux autres parce que vous n'êtes pas capable de vous faire confiance à vous-même. Vous n'avez peut-être pas reçu assez d'amour, d'appui et de confiance dans votre enfance ; quelque chose a été gâché, et maintenant vous ne vous faites plus confiance.

# PARTAGE ET LIBERTÉ

L'approche orientale insiste beaucoup plus sur l'amour dans les relations interpersonnelles et sur la dépendance mutuelle. L'approche occidentale insiste plus sur la liberté.

L'Orient met l'accent sur l'amour. Les parents aiment être avec leurs enfants. Les enfants sont entraînés à se sentir gratifiés s'ils peuvent servir leurs parents. En Occident, l'entraînement n'est pas le même.

En Orient, les gens risquent de s'attacher trop. Les parents vivent pour leurs enfants. Ils ne peuvent pas dépenser d'argent, ils ne peuvent pas être à l'aise parce que leurs enfants les préoccupent toujours. Ils en font presque une maladie. Par contre, en Orient, la compréhension entre les membres d'une même famille est meilleure parce qu'on y privilégie l'amour et le partage. En Occident, on privilégie la liberté: «Mon appartement, mon compte en banque, ma voiture; occupe-toi de tes affaires; laisse-moi tranquille.»

Le problème auquel est confronté l'Occident est le problème de la solitude. La liberté n'est bonne que si l'on a été capable de développer son cœur et sa conscience. La seule liberté de n'avoir à traiter avec personne parce qu'on possède assez d'argent et qu'on a sa propre voiture ne satisfait pas le cœur. Le cœur a besoin de relations. Votre cœur ne peut se satisfaire uniquement de liberté à moins que vous ne soyez très, très évolué et que vous soyez passé par tous les processus des relations, de l'amour et de la croissance. Les Occidentaux souffrent de solitude parce que la société occidentale met l'accent sur la liberté, et quand on accorde trop d'importance à l'argent, on s'attache à l'argent et on n'est plus libre. L'argent ne sert qu'à acheter des biens matériels, pas la liberté.

Comme l'Orient est moins riche, les Orientaux dépendent plus les uns des autres: « J'ai besoin de vous et vous avez besoin de moi. » Nous sommes en quelque sorte forcés à avoir besoin les uns des autres, et en conséquence nous développons des sentiments et de l'amour les uns pour les autres. L'existence en est plus plaisante et plus stimulante. La vie en Occident offre plus de liberté de choix qu'en Orient; mais en termes philosophiques ou religieux, l'Orient offre plus de liberté. En Orient, que vous croyiez ou non en Dieu, vous serez considéré quand même comme une très bonne personne, très évoluée. Bouddha lui-même n'a pas parlé de Dieu. Dans la tradition orthodoxe orientale, Bouddha était athée. Tous ceux qui ne croyaient pas aux saintes écritures appelées *Védas* étaient considérés athées. Selon ce point de vue, Mahavir, un autre grand saint jaïniste et Bouddha étaient tous les deux des athées. Cependant, même s'ils étaient perçus comme athées, ils étaient considérés comme des êtres évolués et éclairés. Il y a donc beaucoup plus de liberté dans les approches spirituelles orientales.

La vie en Orient est ennuyeuse. Tout le monde se comporte, agit et s'habille conformément à un même pattern orthodoxe. Les Occidentaux peuvent avoir leur propre pensée originale et n'accepter rien de ce qu'on leur dit.

En Occident, si vous ne vous conformez pas à une approche évangélique ou si vous n'êtes pas chrétien *born-again*, certains vous considèrent comme perdu. L'idée d'«être perdu» n'existe pas en Orient. Les Orientaux peuvent croire en n'importe quelle divinité, en n'importe quelle forme; ils peuvent croire ou non en Dieu, et être quand même des personnes éclairées. En ce sens, la liberté spirituelle ou philosophique est absolue.

# ACCEPTATION ET PERFECTION

Le mode de vie occidental permet de donner rendez-vous à quelqu'un, de sortir avec n'importe qui, de manger n'importe quoi; en Orient, une telle liberté n'existe pas. En ce sens, l'Orient est plus orthodoxe, plus rigide.

L'Occident insiste plus sur la pureté, sur le perfectionnisme. Comme l'Occident croit au péché, il croit aussi que personne ne doit en commettre. Cet impératif de ne pas pécher transforme les Occidentaux en perfectionnistes. Ils luttent toujours contre eux-mêmes : « Bon sang ! je me fâche toujours, je suis jaloux, j'ai des pensées lubriques; je me soûle toujours, je suis toujours paresseux. » L'approche occidentale amène les gens à se condamner plus et à lutter plus contre eux-mêmes.

En Orient, il est plus facile de s'accepter. Il n'y a pas cette folie de la perfection à tout prix. Il n'y a rien de mal à être paresseux; ce n'est pas un problème. Il n'y a rien de mal à se mettre en colère; ce n'est pas un problème non plus. En Orient, les choses posent problème pour des raisons sociales, jamais pour des raisons philosophiques ou spirituelles. L'Orient nous encourage à nous accepter tels que nous sommes. Peu importe qui nous sommes, nous sommes des expressions uniques du Divin.

# CELUI QUI VOIT
## ET CELUI QUI FAIT

L'Occident privilégie l'action; l'approche occidentale insiste donc sur le «faire». Vous avez de vous l'image de quelqu'un qui fait: vous êtes capable de réussir des choses, de prouver des choses, de changer des choses; vous êtes l'auteur de votre destin. L'approche orientale insiste sur le «voir». Vous observez, vous coulez avec le flux de la vie, vous bénissez les choses et les situations, les événements ne vous affectent jamais; vous êtes comblé et content de vous-même et par vous-même. Vous êtes comme la lumière. Si nous restons tous assis dans cette pièce, la lumière continue de donner sa lumière; si nous quittons tous la pièce, la lumière donne encore sa lumière. Notre présence ou nos actions ne l'affectent pas.

Votre véritable Essence ressemble à la surface d'un miroir. Un miroir ne porte jamais de jugement sur votre beauté ou sur votre laideur. Il vous accepte tel que vous êtes. Si vous êtes grincheux ou si vous avez mauvaise haleine, votre cher mari ou votre chère femme vous aimera et vous acceptera peut-être moins, mais peu importe de quoi vous avez l'air ou qui vous êtes, le miroir, lui, vous révélera. La conscience pure est comme un miroir qui révèle tout ce qui vous vient à l'esprit, mais qui n'est jamais affecté par ce qui est révélé. Nous nous identifions, par manque de compétence, à notre esprit qui pense, éprouve et calcule, plutôt qu'à cette pure lumière qui révèle les différents états de l'esprit. Plus vous êtes en contact avec votre Moi réel, plus vous vous identifiez à quelqu'un qui voit, à cette conscience que les hauts et les bas de l'esprit n'affectent pas, exactement comme la beauté ou la laideur n'affectent jamais un miroir.

L'Orient insiste plus sur le voir, mais la mystique occidentale n'a pas négligé cette approche non plus. Comme le disait Maître Eckhart: «Je prie Dieu afin de me débarrasser de Dieu.» Ou que l'on se souvienne de cette puissante assertion de Jésus: «Levez les yeux et voyez: les champs sont blancs pour la moisson.» Vous n'avez rien à faire. Tout se produit déjà.

Quand vous ressentirez cette lumière de la conscience pure, vous agirez comme vous agissiez avant – mais votre attitude sera différente. Avant, vous vous préoccupiez d'avoir à faire quelque chose: «Je dois traîner mon ombre.» Quand vous avez l'attitude de celui qui voit, vous savez que votre ombre vous suit de toute façon, même si vous ne la traînez pas. C'est une différence d'attitude. Quand on pense être responsable de tout ce qu'on fait, on souffre et on a l'impression d'étouffer. Et c'est pour cela qu'on cherche la liberté.

Un étudiant peu mûr risque de mal comprendre ou de mal appliquer une philosophie moralement ou intellectuellement supérieure. Cela s'est produit en Orient. La philosophie était très profonde, mais les masses n'y étaient pas préparées. Certains, après avoir entendu enseigner qu'il valait mieux ne pas être celui qui fait mais simplement celui qui voit, ont commencé à croire trop au déterminisme et sont devenus plus fatalistes – puisque tout est déterminé, pourquoi s'en faire? L'objectif de cette philosophie était de libérer l'esprit de la conscience du corps, mais les gens ordinaires n'y étaient pas prêts et ils la prirent au pied de la let tre. Au lieu de s'efforcer d'être actifs, ils sont devenus paresseux et inactifs. Les Orientaux croient au destin, non d'une manière éclairée, mais d'une manière négative. «Je suis pauvre, je suis malade, je suis gros, c'est ainsi qu'il faut que ce soit, alors je laisse faire.» Cela n'est pas la bonne attitude. Il faut travailler très fort pour réaliser la pure lumière de la conscience. C'est un travail très délicat. L'Occident peut enseigner à l'Orient comment devenir dynamique et actif, et l'Occident peut apprendre de l'Orient comment être serein et satisfait.

# CROYANCE ET ACTION

Beaucoup de personnes souscrivent à des concepts mais ne s'en servent pas pour améliorer la qualité de leur vie. Les gens répètent souvent qu'ils croient en Dieu; qu'est-ce que cela veut dire? Ils croient aussi en Mars et en Vénus; où est la différence? Si vous trichez et blessez les autres, tout en disant: «Je crois en Dieu», à quoi correspond votre affirmation? Les gens ordinaires adoptent des affirmations du genre sans vérifier vraiment la façon dont ils vivent. Si Dieu ne vit pas à travers vous, si la mémoire de Dieu ne se manifeste pas dans vos actes, si quand vous agissez vos gestes ne donnent pas à voir que vous êtes persuadé que l'énergie de Dieu est à l'œuvre dans vos mains, alors «Je crois en Dieu» est un concept qui ne vaut pas mieux que: «Je crois en la lune».

Dieu veut dire énergie cosmique. Quand vous rencontrez les autres, vous voyez Dieu. Vous n'avez pas affaire à de simples mortels ordinaires, vous avez affaire à Dieu sous différentes formes.

Comment vous est-il possible de manquer de respect? Comment vous est-il possible de tourmenter ou de blesser Dieu? Vous ne croyez réellement en Dieu que si vous apportez dans vos relations avec les autres cette conscience de l'amour et de la confiance. À moins de vivre une vie de confiance et d'amour, de mener une existence libérée de tout souci, «Je crois en Dieu» est une affirmation vide. Quand on croit en Dieu, pourquoi se faire du souci? Dieu –

Lui, Elle ou Cela – sait où je dois aller, et m'y amène. Dieu ne m'a pas donné le privilège de vivre toujours dans un état de béatitude, mais Dieu m'a placé là où je suis capable de croître le mieux.

L'enfant de la sagesse naît quand nous sommes prêts, avec confiance, courage et de bonne grâce, à supporter les douleurs de l'accouchement de l'amour Divin. L'amour Divin veut dire partage, confiance, et ne pas se soucier de l'avenir. Pourquoi vous tracasser de manger demain, d'avoir de l'argent en banque demain ? Ne pouvez-vous célébrer cinq minutes de liberté tout de suite ? Cinq minutes, c'est long – trois cents secondes. N'êtes-vous pas capable de célébrer, avec joie et liberté, une simple petite seconde ? Quand vous mettez toute votre énergie à célébrer la liberté, l'amour, la joie et la beauté, vous dépassez la dimension du temps, la dimension des mesures. C'est là où la grâce est à l'œuvre. Tant que nous nous préoccupons du temps, que nous nous soucions de causes et d'effets, nous vivons dans la même et banale dimension de la vie, avec tous ses problèmes. Pour croître et briller, il faut s'exposer soi-même – comme dans : « Suis-moi, laisse les morts enterrer leurs morts. »

L'Orient, contrairement à l'Occident, ne met pas l'accent sur le martyre. En Occident, il faut toujours donner, donner, donner et ne jamais s'amuser, comme si s'amuser tournait au désastre et au péché. L'approche orientale permet de s'amuser. Il n'est pas nécessaire d'être un martyr pour atteindre à l'illumination.

# L'ACCEPTATION DE SOI
# ET LE POINT FOCAL

Si vous vous acceptez tel que vous êtes, ne fût-ce que pendant cinq minutes, vous aurez un aperçu de ce que sont la joie et la liberté. Quand vous les aurez entrevues, elles vous attireront automatiquement, et vous n'aurez pas à vous convaincre toujours intellectuellement et théoriquement. La première fois que vous avez vu les chutes du Niagara, que vous êtes tombé amoureux, que vous avez fait l'amour ou quand vous avez pris votre premier verre d'alcool, le pouvoir des chutes, de l'amour ou du sexe vous a automatiquement attiré. Vous n'avez pas eu à demander à votre esprit: « S'il te plaît, pense à l'amour, pense à l'alcool, pense aux chutes du Niagara. » Ces choses ont quelque chose d'intrinsèquement merveilleux qui vous force à y penser. Il y a quelque chose de merveilleux également dans cette dimension Divine de liberté, de joie, de grâce et d'amour. Quand vous acceptez de vous y exposer, votre esprit se sent toujours automatiquement attiré.

Que faites-vous quand vous ne vous acceptez pas? Que faites-vous quand vous vous acceptez? Quand vous n'acceptez pas votre corps, vous faites de l'exercice. Quand vous n'acceptez pas l'état de vos vêtements, vous les lavez. Quand vous n'acceptez pas d'avoir faim, vous mangez; mais une fois que vous avez mangé, prenez-vous le temps de vous accepter et de vous rendre compte: « Maintenant, je me sens bien »?

Quand vous êtes incapable d'accepter votre manque de créativité et de dynamisme, vous travaillez toute la journée. Quand vous vous retirez et quand vous allez dormir, vous vous acceptez. Même si votre lit n'est pas parfait, même si votre partenaire est laid(e), bien vite vous bâillez et vous vous endormez. L'approche orientale nous autorise à accepter que nous nous oublions dans le flux de la vie. Quand nous dormons, nous nous oublions tous inconsciemment; il faut maintenant apprendre aussi à s'oublier de façon consciente. Pour nous rendre compte de la beauté Divine de la vie, nous devons apprendre à nous oublier en nous abandonnant ou en observant nos émotions, nos pensées et nos sentiments.

« Tu es Cela », dit le dicton oriental. Le dicton signifie: « Je suis absolue conscience. » Ici, l'on trouve : « Reste calme et sache que je suis Dieu » et « Qui veut en effet sauver sa vie la perdra, mais celui qui perd sa vie à cause de moi, celui-là la sauvera. » Pourquoi avez-vous peur? Qu'allez-vous perdre? Tout ce que vous avez peur de perdre, vous le perdrez de toute façon. Vous avez déjà perdu la beauté et la jeunesse, mais vous vous accrochez à votre ombre : Défaites-vous de votre ombre. Il reste si peu de temps. Pendant ce peu de temps qu'il reste, vous pouvez très librement et facilement savourer la vie.

La technique qui aide à y parvenir, dans toutes les approches orientales et occidentales, consiste à mettre l'accent sur un point focal. Le point focal n'est pas nécessairement le même pour tout le monde – il peut être le bénévolat, la prière, un mantra ou la méditation. Cela n'a pas d'importance, parce que ce n'est ni la prière ni la méditation ni le bénévolat qui libère; c'est l'acceptation de soi. Quand vous méditez, vous pensez: « Maintenant je suis bon, maintenant je suis Divin, maintenant j'agis bien. » Quand vous vous mettez au service des autres, vous pensez: « Maintenant, je suis désintéressé, je vis l'existence d'une personne digne, aimable. » Quand vous priez, vous pensez : « Maintenant, je suis pieux et je suis soumis à la volonté de Dieu. » Quand vous vous concentrez sur votre point focal, vous vous acceptez. La clé, c'est donc l'acceptation de soi.

Même si on le voulait il est très difficile de s'accepter quand on est malade. C'est plus facile quand on est en bonne santé. Votre point focal vous amène à vous ressentir mentalement sain. Quand vous méditez et visualisez quelque forme du Divin, vous vous appréciez parce que votre esprit est centré et parce que vous faites ce que vous êtes censé faire. Quand vous vous appréciez de faire ce que vous êtes censé faire, vous allez par-delà vous-même. Par-delà vous-même existe une grâce Divine, une dimension Divine d'amour, de lumière, de joie et d'unicité.

Ce soir, je me suis emporté contre une de mes étudiantes qui devait me conduire à l'endroit où je donnais une conférence. Je n'aime pas être en retard, particulièrement quand c'est moi qui doit parler, et elle avait quinze minutes de retard. J'ai pris mon sac et l'ai jeté à côté de moi pour marquer ma mauvaise humeur. Je pensais, en le jetant de la sorte, l'amener à se rappeler et à essayer plus fort d'être à l'heure.

— Swamiji, dit-elle, vous savez que je n'y peux rien.

— Moi non plus, je n'y peux rien de ne pas faire ce que je fais ! dis-je.

— Comment m'améliorer ? M'accepter ? demanda-t-elle. Je me déteste.

— Je me déteste aussi, dis-je. Comment faire pour nous accepter nous-mêmes ?

Nous nous fâchons tous. Nous perdons tous notre calme. Cependant, nous devons nous rendre compte que cela passe, cela ne reste pas en nous de façon permanente ; et nous n'avons pas à nous en sentir coupables. Nous pouvons nous amuser de nos humeurs et nous rendre compte qu'elles ne nous bloquent pas. Nous ne pouvons nous accepter que si nous nous percevons comme le moi-de-Dieu. Tant que nous nous identifions à notre conscience individuelle en tant que personne – homme ou femme –, nous ne sommes pas capables de nous accepter dans un sens réel. Nous pensons: «Je suis un peu gros, je chante faux, mon esprit n'a pas atteint l'harmonie» et trouvons toujours quelque chose qui n'est pas totalement acceptable. Il est naturel de passer par des hauts et des bas. Développez donc une attitude enjouée, une attitude d'acceptation et, grâce à votre point focal, gardez votre esprit centré et harmonieux. Quand vous vous transcendez, vous constatez que derrière votre moi ordinaire, usuel se trouve un Moi Divin, un Moi cosmique. Au début, il faut accepter le simple moi avant de pouvoir reconnaître le moi-de-Dieu.

# L'AMOUR DÉSINTÉRESSÉ

Outre le point focal, toutes les religions insistent sur l'amour désintéressé. Vous avez vécu de nombreuses années et vous êtes toujours très occupé. Même si vous viviez mille ans, vous resteriez toujours très occupé et n'auriez jamais de temps libre à moins d'en créer délibérément. Votre aptitude à créer du temps atteste de votre degré de sagesse ou de confusion. Pensez au nombre de personnes que vous pourriez rendre heureuses si vous écriviez une lettre chaque mois. Beaucoup de gens ont envie d'avoir de vos nouvelles. Comme vous ne les rejoignez pas et qu'ils ne vous rejoignent pas, ils se sentent seuls et vous vous sentez seul, et l'amour Divin ne coule pas. Votre point focal vous rend fidèle à vous-même. L'amour désintéressé vous permet de sortir de votre conscience corporelle limitée. Vous montrez votre foi en la conscience universelle. Toutes les religions et toutes les philosophies l'enseignent. Quand vous êtes en contact avec cet espace d'amour Divin, ce n'est plus le fait d'être un homme ou une femme, un Occidental ou un Oriental qui vous identifie. Toutes ces distinctions s'abolissent.

Tenez un journal intime; écrivez-y les bonnes et les mauvaises choses que vous faites chaque jour. Cette conscience vous aidera à préserver votre harmonie et orientera votre temps et votre énergie vers des choses utiles.

L'insistance de l'Occident sur les différenciations et les divisions crée des blessures et des douleurs dans la psyché, et derrière tant de problèmes psychologiques se cache un manque d'acceptation de soi. En Orient, les gens ont pu s'accepter et accepter leurs faiblesses. Comme les Orientaux sont plus paresseux, ils sont plus pauvres. Ici, nous sommes plus dynamiques ; il y a donc plus de richesses matérielles en Amérique du Nord.

Notre philosophie détermine la qualité de notre vie ; ménagez donc cinq minutes chaque jour pour vous accepter tel que vous êtes. C'est votre méditation. Même si vous éprouvez de l'ennui, ne fuyez pas l'ennui. Acceptez-le. Après quelque temps, vous constaterez que vous vous sentez bien, et vous serez en contact avec cet espace Divin qui se trouve par-delà les frontières de l'Orient et de l'Occident.

# ACTION ET RÉACTION

La philosophie du karma est intéressante mais parfois mal comprise. Elle laisse entendre que chaque être est l'auteur de son destin, qu'il est responsable de ce qu'il est et qu'il a le pouvoir d'être ce qu'il décide d'être. L'entière responsabilité lui en incombe. Cette philosophie propose une dimension de l'être tellement puissante, fervente et riche de possibilités que celui qui y souscrit peut accepter et faire face sans hésiter aux responsabilités et aux défis de la vie, exactement comme vous acceptez les cheveux que vous avez sur la tête.

Chaque jour, vous passez quelques minutes à vous laver et à vous peigner, et vous aimez le faire. Quand vous commencez à perdre vos cheveux, vous savez que votre responsabilité diminue, mais vous n'aimez pas devenir chauve parce qu'il est plus agréable d'avoir beaucoup de cheveux. Vos cheveux cependant ne vous accablent pas; de la même façon, les défis et les responsabilités de la vie ne devraient pas vous accabler. Sans eux, que serait la vie? Préférez-vous être insensible, sans aucune responsabilité, sans sentiments, comme une pierre? Ou préférez-vous être un être humain qui vit des hauts et des bas et qui sait, peu importe le nombre de ces hauts et de ces bas, qu'il garde son immuabilité Divine?

# RÉCOLTEZ CE QUE VOUS AVEZ SEMÉ

Quand nous utilisons le mot karma, nous voulons dire action – mais une action nécessairement associée à une réaction. Il n'y a pas d'action sans réaction. On récolte ce que l'on a semé. Si l'on récolte ce que l'on a semé, il faut être prudent concernant ce qu'on sème. On sème les semences de son destin par sa façon de penser, sa façon de planifier, de fantasmer, d'interagir avec les autres êtres humains.

Beaucoup d'entre nous, parce qu'ils ne sont pas encore en contact avec leurs compulsions, leur paresse, leur indécision ou leur peur, rejettent la responsabilité de ce qu'ils sont sur leurs parents, sur la société ou la religion. Mais depuis que vous êtes entré en contact avec vous-même et que vous vous êtes rendu compte que vous pouviez vous occuper de vous-même, vous avez accepté le défi de devenir ce que vous vouliez devenir. Y avez-vous été fidèle ? Avez-vous toujours suivi votre conscience ? Quand un lotus fleurit, critique-t-il la vase d'où il est né ? Vous êtes ce que vous êtes, non pas à cause de cette société, qu'elle soit bonne ou mauvaise, mais à cause de ce que vous méritiez d'être. Votre cœur sait-il se montrer aimant pour vous-même et pour les autres êtres humains ? Sentez-vous le besoin de cultiver cet amour ? Si vous sentez dans votre cœur ce doux besoin de cultiver l'amour et la compassion, de quoi pourriez-vous blâmer la société ? La philosophie du karma nous rend très sérieux et très attentifs à nos actes et à nos pensées.

# LES CATÉGORIES DU KARMA

Le karma se divise en trois catégories. La première s'appelle *prarabdha* karma – les impressions actives. Le prarabdha karma réfère à ces impressions, à ces semences, à ces actions de vos vies passées qui portent fruit en cette vie-ci. Le corps que vous avez, les parents que vous avez, les situations matérielles que vous avez connues sont la conséquence du prarabdha karma. Le prarabdha karma est le karma qui a commencé à porter fruit.

La seconde catégorie est le *sanchit* karma – les impressions entreposées, ces graines qui attendent de germer. Dans vos vies passées, vous avez fait différentes choses, cultivé différentes tendances, différents désirs. Toutes ces impressions sont entreposées dans votre psyché. La troisième catégorie s'appelle *kriyamana* karma – c'est le karma que nous exprimons maintenant. La façon dont je parle, la façon dont j'interagis avec vous, la façon dont je réagis à votre façon d'interagir avec moi créent les semences d'impressions futures.

Il existe une différence subtile entre kriyamana karma et prarabdha karma. C'est à cause de notre prarabdha karma que nous nous rencontrons maintenant. Le prarabdha karma nous offre un contexte spécifique et une situation particulière. Ce contexte ou cette situation ne détermine pas nos actions, nos pensées, nos désirs ou nos émotions. Mais une fois que nous sommes ensemble, c'est le kriyamana karma qui détermine notre façon d'interagir et de réagir l'un à l'autre.

La plupart d'entre nous pensent: «Ce n'est qu'une question de karma. » C'est peut-être votre karma qui détermine que vous soyez né dans une famille riche ou une famille pauvre, mais le prarabdha karma ne détermine jamais que vous allez voler parce que vous êtes pauvre. Si vous êtes pauvre, il vous est possible de travailler dur pour gagner honnêtement votre vie. La façon dont vous vivez votre vie, que vous soyez riche ou pauvre, est le résultat du kriyamana karma. Dans le kriyamana karma, vous êtes libre d'agir.

Vous disposez du libre arbitre. Vous pouvez vous servir de votre intelligence et de votre pouvoir de discrimination. Vous pouvez choisir de vivre ce qui vous rend aimant, ce qui vous permet de vous sentir en sécurité, sans peur, et fuir les pensées et les actes qui vous rendent égoïste, haineux, qui vous remplissent de peur, d'insécurité et qui vous empêchent de pardonner. N'importe quand et n'importe où, c'est votre propre compréhension et votre propre libre arbitre qui déterminent si votre prarabdha karma vous amènera à poser de bonnes ou de mauvaises actions et à connaître en conséquence la satisfaction ou le remords. Quand vous utilisez votre pouvoir de choisir à bon escient, vous vous sentez bien dans votre peau. Vous vous réjouissez dans votre Essence Divine. Malgré toute votre pratique spirituelle et toute votre compréhension de la spiritualité, et peu importe le nombre de personnes qui vous aiment et vous respectent, si vous utilisez mal votre pouvoir de choisir, vous ne vous sentirez pas bien dans votre peau.

Vous pouvez vérifier si cette philosophie du karma s'applique ou non à votre vie. Si vous ne vous sentiez ni coupable ni fier de vos actes, vous seriez complètement libéré de la roue du karma; mais tant que vous éprouvez de l'insécurité, que vous vous sentez coupable ou fier de vos actes, vous en acceptez la responsabilité. Vous acceptez d'être celui qui agit et vous admettez que vous avez le choix d'agir bien ou mal.

# KARMA ET DESTINÉE

Beaucoup d'entre nous aiment attribuer la responsabilité de tout au prarabdha karma, mais tant que vous vous sentez coupable ou fier de vos actes ou que vous accusez les autres – « Cette personne a été malhonnête, cette personne m'a trompé, m'a blessé, m'a volé » –, vous ne pouvez dire que le destin est responsable de tout. S'il en était responsable, comment pourriez-vous vous sentir blessé et accuser les autres ? C'était le destin, il fallait que cela se produise.

Le concept de destin est trompeur. Si vous êtes capable de croire vraiment que le destin est responsable de tout ce qui vous arrive à vous et aux autres, alors qui peut accuser qui, qui peut louer qui ? Tant que la culpabilité, la fierté, l'éloge ou le blâme subsistent, le destin n'a rien à voir là-dedans, et vous devez admettre votre capacité de choisir votre façon d'agir. Vous avez également le choix de vos mobiles ; dès lors comment pouvez-vous dire que le destin est responsable de ce qui se produit ?

Supposez que vous ayez fait de votre mieux mais sans être capable de gagner autant d'argent que d'autres ou de réussir aussi bien que d'autres. Vous devez accepter alors que c'est le karma passé qui en est responsable : les autres sont mieux équipés que vous pour être musiciens, peintres, conférenciers ou médecins talentueux. Ce concept donne du réconfort. Vous êtes ce que vous êtes à cause d'impressions passées.

# KARMA ET ACCEPTATION DE SOI

Comprendre le prarabdha karma, c'est développer l'acceptation de soi. Quand vous vous acceptez comme vous êtes et quand vous acceptez en même temps la responsabilité de choisir, avec intelligence, sagesse et conscience votre façon actuelle d'agir, alors vous allez par-delà le domaine du libre arbitre – et même par-delà le domaine du karma. Servez-vous judicieusement de votre libre arbitre. Vous vous rendrez compte alors que votre libre arbitre n'est qu'une expression de la Volonté Divine.

Tant que vous n'êtes pas tout à fait intégré, pas tout à fait évolué, vous avez un sentiment de responsabilité concernant ce qui est bien et ce qui est mal, et vous vous sentez fier ou coupable. Mais quand votre vie est intégrée à la lumière de votre propre conscience, de votre propre compréhension et sagesse, alors vous vous rendez compte : « Ce n'était que la Volonté Divine, et je pensais que c'était ma propre volonté. » Quand vous réalisez cette dimension supérieure de la volonté, vous vous libérez de l'apitoiement sur vous-même et de la peur.

L'apitoiement sur soi-même prive de la beauté du passé ; la peur prive de la beauté de l'avenir ; et la jalousie prive de la beauté du moment présent. Sinon, la vie n'est-elle pas belle ? Quand nous regardons la vie à travers ces écrans que sont l'apitoiement sur soi, la jalousie et la peur, le monde apparaît distordu. Quand les écrans n'y sont plus et que nous sommes capables de nous rattacher à la vie et au monde avec la lumière de l'amour et de l'acceptation, nous sommes remplis de beauté, de joie et de paix.

L'exemple qui suit illustre la différence entre les trois karmas. Imaginez que vous entrez dans une bibliothèque et que vous empruntez un livre. Le livre que vous commencez à étudier est votre prarabdha karma. Les notes que vous prenez en lisant ce livre et votre projet d'aller chercher d'autres livres en fonction de vos notes sont votre kriyamana karma ; et tous les livres que vous lirez plus tard entrent dans la catégorie du sanchit karma.

La personne éclairée qui possède la vraie sagesse arrête de prendre des notes. Elle n'a pas besoin de notes et n'a nul désir de consulter aucun autre livre. Elle connaît la Vérité, et c'est tout. Elle continue de lire et d'aimer le livre qu'elle a emprunté à la bibliothèque et qu'elle a commencé à lire. Elle est prise avec ce livre, mais elle ne consultera jamais les autres livres sur l'étagère ; son propre corps est son livre. Si vous atteignez l'illumination, vous ne vous soucierez jamais de combler tous les karmas, toutes les impressions et tous les désirs latents dans votre psyché, parce que déjà vous vous sentez comblé à l'intérieur de vous-même.

Le prarabdha karma est le karma qui vous a amené à ce corps et à cette situation ; il est le résultat de vos actions passées.

Le kriyamana karma est le karma par lequel vous agissez, réagissez et planifiez dans le moment présent.

Les sanchit karmas sont les impressions passées qui n'ont pas encore commencé à manifester leurs fruits. Supposez, par exemple, qu'on vous intente à un moment donné de nombreuses poursuites judiciaires. Le tribunal entend une des causes ; il entendra les autres plus tard. Les sanchit karmas sont ces causes qui attendent d'être entendues. Quand vous êtes éclairé, elles ne sont jamais entendues ; elles sont simplement brûlées.

# PENCHANTS ET TENDANCES

La philosophie du karma nous donne à comprendre que nous avons tous différentes tendances et différents penchants. Quand vous observez deux ou trois enfants, issus de mêmes parents, vous vous rendez compte, même si tous ont été élevés dans le même contexte, que l'un veut devenir chanteur, l'autre peintre et le troisième, moine. Ils ont été exposés à la même vie, mais leurs penchants sont différents.

Il est impossible d'expliquer la diversité de nos natures sans remonter plus loin que nos parents jusqu'à nos vies antérieures. Si les parents ou un contexte social particulier étaient les seuls responsables du fait que nous sommes ce que nous sommes, alors les enfants issus de mêmes parents, élevés et éduqués dans une même société, auraient des penchants identiques; mais ce n'est pas le cas. La philosophie du karma nous permet de mieux comprendre nos différents penchants et talents. Il est possible que vous veuillez devenir un grand chanteur mais que vous n'en soyez pas capable; il est possible que vous veuillez atteindre un haut degré de spiritualité mais que vous ne puissiez contrôler vos sens ni orienter votre esprit vers de plus hautes dimensions. À votre mort, qu'arrive-t-il à ces bonnes intentions?

# VOS EFFORTS
## NE SONT JAMAIS PERDUS

Même si vous n'atteindrez peut-être jamais votre destination, la philosophie du karma vous assure que vos
efforts ne sont jamais perdus. Dans le schéma Divin, tous
vos efforts, quelle qu'en soit la direction, sont pris en
compte – un compte éthéré ou akachique, pourrait-on dire.
Cette prise en compte détermine que vous serez gratifié
d'une autre naissance, et dans cette nouvelle naissance vous
suivrez le même pattern et n'aurez pas à recommencer au
point A. Si vous êtes déjà passé de A à B, alors vous partirez
de B pour atteindre Z. Si vous étiez arrivé à C ou à H, vous
partirez de ce point-là. Quand on ne croit pas à la philosophie du karma, il devient presque impossible de comprendre les échecs et les réussites aux divers niveaux. La
philosophie du karma offre une explication utile. Être en
suspens au ciel ou en enfer ne permet aucun processus de
croissance graduelle. La philosophie du karma permet de
comprendre, quels que soient vos progrès dans cette vie-ci,
que vous commencerez à partir de là dans votre prochaine
vie; et cela se poursuit, se poursuit jusqu'à ce que vous
atteignez la libération finale. Dans la libération finale, vous
êtes libéré de tous les karmas.

Les êtres éclairés qui ont atteint le stade suprême de
conscience affirment que l'illumination est possible dans
cette vie-ci. Même s'ils étaient illuminés, leur corps agissait
sous l'effet du prarabdha karma. Le prarabdha karma est le

karma qui produit le corps, et donc il faut traverser tout ce qui est déjà là et que le corps doit traverser, une maladie, par exemple, un accident, un gros événement, certaines insultes ou certaines blessures. Mais si l'âme dans le corps est éclairée, alors l'âme reste détachée et ne réagit pas à l'excès. Vous prenez les choses avec désinvolture. C'est comme regarder un film. Si le film est bon, vous riez ou pleurez ; si le film ne vaut rien, vous ne vous en occupez pas. Mais que vous riiez ou pleuriez, vous ne ressassez pas continuellement le film. Vous savez que ce n'était qu'un film. Quand une personne éclairée traverse des hauts et des bas, elle considère cela comme des éléments du scénario d'un film. L'être éclairé est toujours libre, toujours détaché, toujours établi dans son Essence ; mais tant qu'il vit, il doit traverser son karma.

En lisant les biographies des grands mystiques de différentes religions, vous constatez que certains sont tombés malades ; d'autres sont devenus riches ; d'autres étaient des lettrés ; d'autres ressemblaient à des êtres stupides qui ne se préoccupaient pas du monde et en restaient éloignés ; et d'autres agissaient comme des fous. On trouve toutes sortes de comportements chez les êtres éclairés. Ils n'ont pas de comportement spécifique. Leur corps traverse les hauts et les bas de différentes manières. Tout cela est l'effet du prarabdha karma.

Un sage se promenait. Il vit un homme en battre un autre. Le sage s'arrêta et demanda : « Pourquoi le bats-tu ? Qu'est-ce qu'il y a ? »

– Cet homme m'a emprunté de l'argent et ne me l'a pas remis, hurla l'agresseur. Comment oses-tu intervenir ? Tais-toi !

Et il frappa le sage qui tomba inconscient sur le sol.

Quand les disciples du sage apprirent que leur maître était blessé, ils se précipitèrent et commencèrent à l'éventer. Après un moment, le vieil homme revint à lui. Les disciples voulaient s'assurer qu'il avait retrouvé tous ses esprits. Ils lui demandèrent donc: «Qui t'évente?»

– Celui qui m'a frappé est celui qui maintenant m'évente, répondit le maître.

Le sage ne faisait pas de distinction entre celui qui l'avait frappé et celui qui l'éventait. Le raisonnement de différenciation quitte l'esprit des êtres éclairés ou de ceux qui sont très avancés sur l'échelle spirituelle. Tant que nous ne serons pas avancés à ce point, nous devrons, dans toutes les situations dans lesquelles nous sommes, nous servir de notre libre arbitre et de la discrimination.

# KARMA ET SATISFACTION DE L'ÂME

Comment utiliser le libre arbitre pour se libérer du cycle du karma ? Un des moyens consiste à rester en contact avec soi-même et à déterminer ce qui procure la satisfaction à l'âme par opposition à ce qui n'est que satisfaction superficielle. Si vous aviez le choix de vivre de nouveau sept jours ou sept événements de votre vie, lesquels choisiriez-vous de répéter encore et encore ? Vous choisiriez les jours et les expériences pendant lesquels vous étiez le plus proche de vous-même.

Souvent, mes journées sont très faciles : j'ai de la bonne nourriture, j'ai beaucoup de sommeil, je vois de belles fleurs, de beaux oiseaux, de beaux visages ; mais si l'on me demandait si j'aimerais revivre ces jours, je répondrais non, parce que je n'étais pas en harmonie. Même si c'était agréable, mon âme n'était pas satisfaite. C'était agréable mais juste en surface.

Je trouve rarement une pensée qui vaille la peine d'être pensée ; pourtant, l'esprit continue de s'affairer à penser. C'est un non-sens, n'est-ce pas ? Il en est de même de la parole. Nous nous sentons tellement peu sûrs les uns des autres, ou peu sûrs de nous, que nous emplissons de mots l'espace entre nous afin de nous éviter les uns les autres. Nous ne voulons pas que les autres entrent dans notre espace privé, alors nous nous défendons en érigeant une muraille de mots derrière laquelle nous pensons qu'ils ne nous connaîtront pas directement. Il est vraiment apaisant de n'avoir pas à parler mais juste à apprécier la compagnie des autres.

Faites ce qui vous ramène à vous-même, ce qui vous garde en contact avec vous-même. «En contact avec vous-même» veut dire en contact avec votre conscience, avec votre Essence Divine. En réalité, ces termes mystiques ne sont pas nécessaires. On n'a pas besoin de croire en Dieu pour vivre la spiritualité. On n'a pas besoin de croire en Dieu pour être en bonne santé et se sentir en paix. De grands contemplatifs athées ont réalisé cette paix suprême. Bouddha était l'un d'eux. Si Dieu n'a pas de sens pour vous, ne croyez pas en Dieu; mais croyez en vous-même. Même pour se nier soi-même, il faut croire en soi. Essayez de vous nier sans croire en vous. Qui niera? Vous devez être présent pour vous nier. Comme vous savez qu'il vous est impossible de vous nier, la question reste: comment demeurer en contact avec soi-même?

# VOUS ÊTES CELUI QUI SAIT

Beaucoup de gens se disent incapables de se concentrer. Ne vous souciez pas de concentrer votre esprit. Si vous êtes capable de voir l'agitation de votre esprit, c'est plus que de la concentration. Si vous êtes capable de voir cette agitation, continuez de l'observer. Rappelez-vous : vous êtes celui qui sait que l'esprit est agité. Plus vous développez la conscience d'être l'observateur, celui qui sait que l'esprit est agité, plus vous développez la paix, l'harmonie et la joie. Plus vous vous identifiez à l'esprit agité, moins vous pouvez savoir qu'il est agité parce que vous devenez l'esprit. Quand vous savez que votre esprit est agité, vous savez que vous n'êtes pas l'esprit. Vous êtes quelqu'un qui connaît l'esprit. Alors, continuez de l'observer.

Plus vous observez l'agitation de l'esprit, plus vous remarquez votre stabilité. Nous apprécions la lumière parce que nous connaissons l'obscurité. Nous connaissons la santé parce que nous avons connu la maladie. Nous connaissons l'amour parce que la peur et la haine nous sont familières. Comment apprécier la stabilité, l'immuabilité de votre être sans, par contraste, prendre acte de l'agitation de l'esprit ? Pour vous mettre en contact avec l'immuabilité de votre être, développez l'habitude de remarquer la nature changeante de votre esprit.

Les plus hauts moments de ma vie furent mes moments de conscience pure. Je ne suis pas encore capable d'être toujours branché sur ces moments de béatitude, aussi je fais des compromis avec des pensées, des films, avec ce qui se présente. Il faut faire des compromis, mais il faut savoir qu'on ne peut en tirer de satisfaction permanente. La satisfaction permanente viendra seulement quand votre esprit sera capable de s'harmoniser avec sa Source, cette conscience remplie de béatitude. Tant que l'esprit n'en est pas capable, il faut faire des compromis. Dès lors, acceptez votre humanité.

Il n'y a rien de mal à désirer la beauté, l'argent, la jeunesse, le pouvoir, la renommée, ou n'importe quoi – mais ces choses détournent l'esprit de sa Source et donc n'apportent pas la satisfaction de l'âme. Quand vous trouvez le bonheur dans les choses, vous restez dépendant et craintif parce que votre bonheur est à la merci de quelque chose d'extérieur à vous. Mais quand vous savez que vous êtes Divin, que vous ne faites qu'un avec le cosmos, même si vous ne vous sentez pas au plus haut tout le temps, vous avez cette connaissance et elle vous donne un sentiment d'éternelle liberté.

# Il est intelligent
# d'être stupide

Vous me faites penser à ma vie d'étudiant. À l'époque, j'ai traversé beaucoup de crises, et je me sentais réconforté d'entendre : «Être grand, c'est être mécompris. » Moins mes amis, mes parents, mes professeurs me comprenaient, plus je pensais que j'allais devenir un grand homme. J'espère donc que certains d'entre vous sont convaincus de la même chose quand leurs confrères ou leurs soi-disant maîtres académiques ne les comprennent pas.

Je n'étais pas un étudiant stupide. Je pense cependant que la plus grande leçon que l'on puisse apprendre dans la vie, c'est être stupide. On est sage quand on est capable d'être à l'aise et d'accepter sa propre stupidité. Même le sujet de ma conférence est stupide – faire tenir l'Esprit dans le corps de l'élève. Ce devrait être le contraire – faire tenir le corps de l'élève dans l'Esprit. Il ne faut pas faire tenir le corps dans l'Esprit. Les avions volent librement dans l'espace, et comme l'Esprit est plus vaste que l'espace, tous les corps peuvent voler dans l'Esprit.

En réalité, pourquoi vous préoccupez-vous de l'intelligence ? Je ne trouve pas que ceux qui ont réussi, qui sont devenus médecins, professeurs, hommes de science, les soi-disant génies, soient particulièrement intelligents. Ils sont aussi stupides que nous tous. Ils ont un mérite particulier dans un domaine précis. Cela, nous pouvons l'estimer et l'apprécier. Dans ce domaine, ils ont des choses à nous apprendre, mais s'agissant de la vie, ils sont aussi peu sûrs d'eux, aussi compulsifs, indisciplinés, dispersés et égoïstes que n'importe qui. Et s'ils ne le sont pas, ce n'est pas parce qu'on leur a enseigné au collège à ne pas l'être.

Nos priorités sont totalement faussées. J'ignore ce que les gens veulent dire quand ils parlent en termes d'« intelligence » et de « sagesse ». L'intelligence permet d'appréhender beaucoup de choses de la vie, du monde et des relations – mais permet-elle de connaître le savoir ? Vous me connaissez. Vos yeux vous permettent de remarquer que je suis ici. Mais si je n'étais pas ici, si quelqu'un d'autre était assis sur cette chaise, ne le remarqueriez-vous pas ? Voyez-vous à cause de moi ? Ou bien votre regard est-il indépendant de celui qui occupe cette chaise ? Vous m'écoutez, mais si quelqu'un d'autre parlait, vous écouteriez toujours. Votre ouïe ne dépend pas de ce que vous entendez ni de celui qui parle.

Ceci s'applique à tous vos sens et s'applique également à votre savoir. Vous possédez ce pouvoir de connaître, ce pouvoir d'être sensibilisé, ce pouvoir de conscience. Ce pouvoir de connaître vous permet de connaître vos pensées, vos émotions, vos sentiments, vos fantasmes, vos peurs et vos culpabilités. Vous ne connaissez peut-être pas ce que je connais et je ne connais peut-être pas ce que vous connaissez, mais nous savons tous que nous savons.

Nous mettons trop d'énergie dans ce que notre intelligence connaît ou pourrait connaître pour influencer les autres. Mais qu'en est-il du pur savoir, de la conscience pure ? Le pur savoir ne peut être connu dans un sens dualiste. Quand je vous connais, vous êtes séparé de moi ; quand vous me connaissez, je suis séparé de vous. Il y a dualité. Tout objet connu est séparé de celui qui le connaît. Mais s'agissant du savoir lui-même, il n'y a plus de relation sujet-objet. C'est pourquoi il devient mystique, transcendantal, universel et libérateur. C'est pourquoi il vous donne le pouvoir de l'amour, de l'altruisme et de l'humilité. Vous savez qu'il s'agit du même savoir ici, là et partout.

Personne n'est plus intelligent que les autres et personne n'est plus stupide que les autres, la stupidité et l'intelligence n'apparaissent qu'en surface.

(*Extrait d'une conférence prononcée au Macalester College, à Minneapolis, en 1989*)

# SACHEZ SAVOIR

Que voulez-vous savoir et pourquoi voulez-vous savoir? Peu importe vos connaissances, elles ne vous aident jamais à savoir savoir. Vous ne connaissez peut-être pas la physique, la chimie, le chant ou la danse mais tant que vous savez que vous savez, ce que vous savez ou ne savez pas n'a pas d'importance. Même si vous ne connaissez pas mon nom, vous savez au moins que vous ne le savez pas. Vous ne pouvez nier votre savoir. Vous avez une conscience du savoir, et ce savoir vous permet, soit de savoir quelque chose, soit de ne pas le savoir. Le savoir est indépendant de la connaissance ou de la non-connaissance d'une chose spécifique. Savoir est universel. Tout le savoir intellectuel et matériel est limité. Les mystiques, les âmes évoluées étaient hautement avancés non pas parce qu'ils savaient plus de choses que vous et moi mais parce qu'ils étaient en contact avec le savoir pur, universel. Ils avaient accès à cette conscience pure qui brille en vous et en moi.

Entrez en contact avec votre savoir. Quand vous n'êtes pas encore réveillé le matin, le soleil brille quand même. En hiver, quand vous n'allez pas vous promener au bord de la mer, la mer est là quand même. Votre savoir intellectuel n'affecte pas votre savoir réel. Il est possible que vous ne compreniez pas quelque chose mais vous comprenez que vous ne le comprenez pas. Le pur savoir est toujours là et n'a rien à voir avec ce que vous comprenez et ce que vous ne comprenez pas. Ne faites pas l'erreur de croire qu'après avoir finalement compris tous les enseignements mystiques, vous serez en contact avec le savoir. Votre savoir est indépendant de tout cela. Il existe ici et maintenant.

Comment entrer en contact avec ce savoir ? En ménageant l'énergie que vous mettez à connaître des objets. Si j'autorise mon énergie à s'épuiser à connaître ce que je veux connaître, alors que reste-t-il pour connaître le savoir lui-même ? Comprenez bien cet argument. Que vous deveniez dactylo ou médecin, rien d'autre ne sera aussi important dans votre vie. Si vous connaissez ce savoir, vous êtes mieux que tout médecin qui ne le connaît pas. La chose est très abstraite. Aidons-nous, pour la comprendre, de notre vécu quotidien. Vous vous surprenez parfois à rêvasser et vous vous rendez compte que vous êtes perdu dans vos fantasmes et vos peurs, dans vos culpabilités et insécurités. Comment vous y êtes-vous pris pour remarquer que vous étiez perdu à broyer du noir et à rêvasser ? Quelle est la différence entre les deux expériences, celle d'être perdu et celle de se sentir soudain vigilant, éveillé ?

À l'instant précis où vous vous prenez à rêvasser et êtes de nouveau présent à vous-même, que savez-vous de vous ? Pendant ce moment de lucidité où vous voyez que vous êtes perdu dans autre chose que vous-même, que savez-vous de vous ? Vous savez quelque chose, mais vous êtes incapable de le mettre en mots. De façon similaire, si je vous rencontre dans un an, sans vous reconnaître, et que vous me dites que vous êtes la personne que j'ai vue dans ce collège, je pourrais vous demander : «Comment savez-vous que vous êtes la même personne ?» Vous savez simplement que vous êtes le même moi. Où se loge l'identité ? Est-ce votre nez qui est identique ? Vos yeux ? Vos lèvres ? Votre apparence ou vos relations ? Que vous réussissiez ou non, que vous soyez beau ou laid, intelligent ou stupide, ce courant d'identité reste intact en vous.

Je vous parle de l'essence de l'identité d'une manière théorique, mais y a-t-il moyen de la percevoir de façon plus tangible ? Installez-vous dans une position confortable. Fermez les yeux et prenez quelques profondes respirations... Laissez votre respiration revenir à la normale, gardez les yeux fermés, concentrez-vous sur cette respiration qui passe à travers vos narines... Maintenant, tout en respirant, commencez à compter... Quand vous inspirez, comptez un ; quand vous expirez, comptez deux ; inspirez, trois ; expirez, quatre. Comptez ainsi jusqu'à vingt, puis amorcez le décompte : inspirez, vingt, expirez, dix-neuf... Continuez avec beaucoup de soin jusqu'à ce que vous reveniez à zéro. Quand vous arrivez à zéro, entrez en contact avec ce qui est là et avec votre manière d'entrer en contact avec ce qui est là. Quand vous avez terminé, frottez-vous les paumes et posez-les sur votre visage...

Avez-vous ressenti une sensation de plénitude, un sentiment de satisfaction, un sentiment d'acceptation et de bien-être plus grand ? Vous ne savez rien et pourtant il ne vous manque rien. Vous ne vous souciez pas de savoir quelque chose parce que vous avez un sentiment d'aise et de satisfaction. Il est possible, en devenant conscient de la conscience elle-même, de retrouver consciemment l'expérience de plénitude que l'on a dans l'inconscience du sommeil. Quand une pensée, un désir ou une peur vous habite, vous devez y être présent ; quand vous travaillez à l'ordinateur, vous devez vous servir de votre esprit. Mais quand vous n'êtes pas contraint de penser, vous avez le loisir d'observer, en témoin, vos pensées et vos sentiments. La pensée ou le sentiment est un étranger qui passe devant la porte de votre conscience. Vous n'avez pas à interagir mais à le remarquer simplement et à le laisser aller.

Quand vous laissez aller une pensée ou un fantasme, vous revenez à vous-même. C'est uniquement parce que vous vous impliquez dans cette pensée ou ce fantasme que vous ne parvenez pas à vous connaître tel que vous êtes. Si vous vous impliquez dans autre chose que vous-même, comment pouvez-vous vous connaître vous-même ? Vous avez tellement développé l'habitude de flirter avec les pensées que vous avez beaucoup de mal à ne pas vous en enthousiasmer. Si vous prenez conscience de vous-même, vous vous rendrez compte que les pensées sont séparées de votre conscience. Pensez, broyez du noir, fantasmez autant que vous le voulez. Mais quand vous aurez fini de penser, ramenez votre esprit à la conscience.

Vous avez une maison. Vous en sortez parfois pour aller au cinéma ou dans un parc, pour assister à une fête, aller à un rendez-vous, mais vous revenez à la maison. La plupart d'entre vous aiment rentrer à la maison. Quelques-uns aimeraient peut-être fuir leur maison. Ceux-là, qu'ils la fuient et prennent leur petite amie ou leur petit ami avec eux. Mais il faut vivre quelque part, et cela devient leur maison. Même si vous êtes kidnappé, vous vous installez quelque part, et l'endroit où vous vous installez devient votre maison. Quand vous sortez, vous revenez toujours à la maison. Où est la maison de votre esprit ? Laissez fuir votre esprit avec un fantasme ou un amant, mais laissez-le s'installer quelque part, laissez-lui trouver sa maison.

Il n'est pas nécessaire qu'elle soit mystique. Les personnes désorientées veulent que les autres le restent aussi. Elles éprouvent de la sorte un sentiment de sécurité à propos d'elles-mêmes puisqu'elles ne se sentent pas les seules à être désorientées. N'importe quelle chose simple peut être votre point focal, un endroit de repos, une maison pour votre conscience. Soyez présent à tout, mais n'oubliez pas de revenir. Nous revenons de toute façon, même si nous sommes perdus. Même si nous buvons, même si nous prenons de la drogue, quelque part nous nous rendons compte de ce qui se passe et nous savons où nous sommes. Un schéma cosmique se poursuit qui ne nous permet pas de rester perdus pour toujours. Mais les plus intelligents et les plus fervents d'entre nous suivent certaines lignes de conduite qui les aident à rester libres et éveillés.

*(Extrait d'une conférence prononcée au Macalester College, à Minneapolis, en 1989)*

# L'INTRÉPIDITÉ

En comprenant tout ceci, développez un sentiment d'intrépidité. À ce stade-ci de votre vie, vous pouvez apprendre à être soit timoré, soit intrépide. Je sais que plusieurs d'entre vous sont tout à fait intrépides quand il s'agit de boire, de prendre de la drogue ou d'avoir des aventures, mais s'agit-il véritablement d'intrépidité ? Être pareil à un chiot qui s'oublie partout, est-ce être intrépide ? L'intrépidité implique que vous connaissez vos convictions et que vous êtes prêt à les défendre. Quand vous agissez comme un animal instinctif qui fait compulsivement des choses ici et là, cela n'indique pas que vous êtes courageux. C'est à ce stade-ci de la vie, mes amis, que vous pouvez prendre des risques et être intrépides. Moins vous aurez peur et plus votre vie sera agréable.

Votre intrépidité doit transparaître dans vos communications, dans vos écrits, dans vos actes. Demandez-vous : « Qu'est-ce que j'ai à perdre ? Si je commets une erreur, les autres penseront que je suis stupide ; or, je sais déjà que je suis stupide. » Le véritable apprentissage commence quand on admet sa stupidité. Cette stupidité relève de l'esprit. Parfois l'esprit est idiot, parfois il est intelligent. Parfois le corps a l'air sain, parfois il a l'air malade. Suis-je ce corps et cet esprit ? Ou bien suis-je cette Essence de vie qui révèle les différents états du corps et de l'esprit ? Si j'étais simplement pensée, alors je m'en irais quand la pensée s'en irait. Si j'étais simplement sentiment, alors je m'en irais quand le sentiment s'en irait. Si mon existence dépendait d'une relation, alors je finirais quand la relation finirait. Quand je suis né, j'étais un mignon petit bébé, mais je ne suis plus un mignon petit bébé; pourtant, je ne peux pas dire, parce que mon enfance est terminée, que je suis terminé. Je suis toujours ici. Quelque chose en moi reste indemne en dépit de tous les changements que traversent mon corps et mon esprit.

Permettez-vous de paraître stupide. C'est ainsi que vous apprendrez à être courageux et à ne pas avoir peur. Tant que vous prenez garde de ne pas être stupide, vous êtes vraiment stupide. Si cela vous est égal d'avoir l'air stupide, vous êtes vraiment intelligent. Nous aimons les enfants parce qu'ils sont très spontanés; ils ne sont pas inhibés. Plus nous sommes instruits, plus nous sommes inhibés et plus nous voulons en mettre plein la vue: «Mon maquillage est-il correct, est-ce que j'ai l'air intelligent?»

Soyez vous-même.

Vous voulez vous défoncer? Vous avez peut-être essayé toutes sortes de choses qui procurent de l'ivresse, mais pendant combien de temps allez-vous vouloir continuer ce même comportement? Si vous voulez continuer, d'accord, mais la vie est-elle conçue uniquement pour toutes ces choses qui n'ont pas de sens? Comment vous sentirez-vous heureux de vous? Une expérience plaisante ne vous apportera jamais le bonheur, parce que vous n'êtes pas un simple animal ordinaire. Vous avez de la sagesse en vous, et cette sagesse vous forcera à avoir une piètre opinion de vous. Il vous est impossible de fuir le remords. Remerciez Dieu de vous sentir coupable et accablé de remords. Cette saine culpabilité, ces remords sont indispensables pour changer vos comportements négatifs.

Tant que vous serez indiscipliné, vous ne serez jamais libre et ne pourrez jamais vous estimer vous-même. Quand vous avez la maîtrise de vous, vous appréciez beaucoup plus profondément les plaisirs simples de la vie ; mais si vous vous y adonnez compulsivement, vous n'êtes qu'une victime de vos habitudes négatives et vous êtes contraint de vous percevoir en victime. Débarrassez-vous de ces habitudes négatives. Le plus vite sera le mieux.

Ne pensez pas que vous devez perdre votre temps parce que les autres perdent le leur. Je me suis déjà trouvé dans un hôpital où beaucoup de gens souffraient et mouraient. Je ne me suis jamais dit que je devais, parce que les autres souffraient et mouraient, souffrir et mourir moi aussi. Qui veut vivre dans cet horrible hôpital ? Même si le monde entier souffre et meurt, quelques-uns d'entre nous doivent sortir de cet hôpital malade et essayer d'aider ceux qui y sont coincés.

Vous voulez aimer les autres et les aider. Vous voulez, pour rendre les autres heureux, partager de l'argent, des cadeaux ou leur faire des massages. Cependant si vous ne faites rien de tout cela mais êtes capable simplement d'avoir l'air stupide, vous les servez aussi. Quand ils voient à quel point vous êtes stupide, ils se sentent eux-mêmes un peu plus intelligents et mieux dans leur peau.

Un jour, il y avait un chat. De nombreuses souris vivaient au même endroit. La famille de souris tint une importante conférence pour déterminer quoi faire du chat. Elles décidèrent de lui attacher une clochette au cou de façon à être prévenues de sa venue. Mais la question se posa : qui allait attacher la clochette au cou du chat ? Elles se retenaient toutes, comme vous et moi, simulant la sainteté. Mais la sainteté vient du feu ; la sainteté défie le feu.

Mes amis, le temps est venu pour vous de décider si vous voulez vraiment ressembler à Lincoln, à Martin Luther King, à Gandhi, à Kennedy ou à Mère Teresa. Soyez intrépides. Ayez un objectif clair. Je ne pense pas que les élèves ici lisent des biographies ou des autobiographies de ces grandes personnalités. Je vous recommande fortement de lire la vie des grands personnages. Même si vous voulez rester amorphe, stupide et perdu, il y a dans ces livres un grand pouvoir qui secouera votre paresse, votre peur et votre insécurité et vous stimulera à manifester votre force Divine. Il y a une image de vous que vous devez mettre en sourdine. Vous voulez être médecin, ingénieur, juge. C'est un non-sens. Soyez des hommes de courage et de compassion. Soyez des femmes d'amour et de lumière.

Méditez de temps en temps. Ne pensez pas que la méditation a quoi que ce soit en commun avec la religion. Vous ne pensez pas quand vous prenez une douche qu'elle vous rendra religieux. Pourquoi ne pouvez-vous pas méditer ? Pourquoi ne pouvez-vous pas faire la paix en vous ? Pourquoi ne pouvez-vous pas parler aux fleurs et aux oiseaux ? Vous perdez votre temps de toute façon – pourquoi ne pas apprendre à le perdre au nom de la méditation ? Ayez du bon temps. Parfois vous vous sentez coupable de n'être pas productif. Relaxez ! Préférez-vous produire plus de bombes nucléaires pour que nous puissions tous nous tuer les uns les autres plus vite ? Il est formidable de ralentir un peu, de relaxer, d'être rempli d'une énergie d'amour, rempli de ferveur, de confiance et d'intrépidité, et d'être au service des autres. La joie la plus haute dans la vie consiste à rendre les autres joyeux.

*(Extrait d'une conférence prononcée au Macalester College, à Minneapolis, en 1989)*

# PARTAGER AVEC UN CHIEN

Un jour que je vivais dans une grotte, un chien me suivit. Je n'avais, pour souper, que trois petits pains frits, des *puris*. Je suis un peu avare, avec des tendances un peu égoïstes. Ce soir-là était donc un test pour moi. Voilà ce chien, et voilà mes trois petits pains. J'avais faim, et même pour moi seul, les pains n'étaient pas suffisants. Je me demandais : « Est-ce que je devrais tout manger ou en donner un peu au chien ? » Après un long débat intérieur, je me dis que je devrais peut-être lui donner la moitié d'un pain. Un peu après, je lui donnai également l'autre moitié. Je commençai à manger et me rendis compte que je me gardais deux petits pains pour moi. Je me dis que ce serait plus juste d'en donner un et demi au chien et d'en manger, moi-même, un et demi. Pendant que je mangeais, je réalisai que c'était exactement ce qu'aurait fait toute personne ordinaire. Mais comme je vivais dans une grotte pour dépasser l'ordinaire, je décidai de donner deux pains au chien et de ne m'en garder qu'un. Par la suite, ce chien est devenu l'un de mes meilleurs amis. Même aujourd'hui je me rappelle ce partage avec la plus grande joie et la plus grande satisfaction. J'ai partagé beaucoup de choses dans ma vie, mais ce partage-là a été l'un des plus profonds. Il a guéri mon cœur et a ouvert quelque chose en moi.

N'attendez pas pour partager d'avoir énormément d'argent, énormément de temps, énormément de n'importe quoi. Vous pouvez partager maintenant. Vous pouvez écrire un petit mot à quelqu'un : « Maman, je t'aime. » « Mon cher ami, tu me manques, tu m'as inspiré de plus d'une façon. » Prenez le temps d'écrire ; prenez le temps de préparer une tasse de thé pour vos amis ; prenez le temps de faire un massage à quelqu'un qui en a besoin. Ne pensez pas que ce n'est pas un « grand » acte. Notre manière de mesurer la grandeur est révélateur de notre ego. N'importe quel geste simple est très, très grand si nous le posons avec amour et dans l'unicité. Épargnez dix cents ou un dollar pour rendre service à quelqu'un. Cela renforcera votre estime de vous, et vous vous sentirez bien dans votre peau. Le plus grand art de la vie consiste à se sentir heureux en rendant quelqu'un d'autre heureux, et en réalisant ainsi le lien mystique de la vie.

Soyez intrépide, soyez discipliné, soyez désintéressé et méditez. Cela vous rendra aimable et heureux. Faites de l'exercice physique pour garder votre corps en santé, et ne vous pressez pas toujours. Ménagez-vous cinq ou dix minutes pour la méditation. Si vous êtes capable, dans votre vie entière, d'apprendre une seule simple chose, vous aurez appris toutes les choses, parce que toutes les choses sont cachées dans chaque chose. Si vous transcendez votre ego, vous avez tout appris. Alors l'Esprit Divin remplira le corps de l'élève.

*(Extrait d'une conférence prononcée au Macalester College, à Minneapolis, en 1989)*

# CONNAÎTRE SA VALEUR

D'innombrables blocages barrent la route à l'illumination, mais le plus grand est le sentiment de ne pas valoir grand-chose. Vous vous dites : « Dieu existe peut-être, l'illumination existe peut-être, la grâce existe peut-être, mais je ne les mérite pas. »

Quand vous travaillez sincèrement et honnêtement pendant longtemps pour vous défaire de ces blocages, vous développez le sentiment de votre propre valeur. Vous avez le sentiment de mériter l'illumination que vous cherchez. Quand vous croyez la mériter, l'illumination vient comme une bénédiction. Voilà l'authentique signification du mot « foi ». Quand vous avez cette foi, vous savez que Dieu vous supporte, vous a toujours supporté et continuera de vous supporter, que vous soyez bon ou non. Le sentiment de sa propre valeur est l'aspect le plus important de la foi. S'estimer soi-même veut dire : « Je le mérite. » Vous ne demandez pas ; vous le méritez, c'est tout.

Quand vous vous éveillez le matin et que le soleil brille, vous tirez plaisir de ses rayons. Quand il fait chaud, vous ouvrez vos portes et vos fenêtres pour savourer plus encore le soleil. Savoir que vous le méritez, vous permet d'en jouir. Vous n'ordonnez pas au soleil de se lever pour vous – vous faites confiance, et le soleil se lève de toute façon.

Vous prenez pour acquis des choses ordinaires, terrestres. Quand vous rentrez à la maison après le travail (même si votre patron a été désagréable), vous accomplissez certains rituels qui marquent la transition entre le travail et la maison. Vous allumez peut-être la télévision. Vous avez confiance que votre télévision fonctionnera. Vous embrassez votre mari ou votre femme, vous serrez votre enfant dans vos bras, vous caressez votre chien. Tout cela, vous le prenez pour acquis. Si vous n'avez pas d'êtres à embrasser, vous embrassez votre bouteille de whisky, et vous avez confiance que cela marchera. Voyez le degré de votre confiance, même en une bouteille de whisky ! Vous vous sentez en sécurité dans cette confiance.

La Force de Vie amène le soleil à se lever. Elle est plus fiable que tout ce que vous pouvez imaginer – le soleil, la lune, l'océan, la terre – mais vous n'y avez pas confiance. Pourtant la Divine Providence vous a toujours supporté et vous supportera toujours, même si vous n'y avez pas confiance. Votre foi en votre whisky, en votre ami, votre amie, ou en la télévision – ayez la même simple foi en la lumière Divine, en l'amour et en la grâce. Alors, vous l'aurez pour toujours. Toutes les disciplines spirituelles sont conçues pour développer cette confiance, cette foi en la grâce Divine. Dès lors, qu'avez-vous à faire, à devenir, qu'avez-vous à réussir pour avoir cette confiance qui vous permet de savoir que vous en valez la peine ?

# MÉRITER LA GRÂCE DE DIEU

Tant que vous ne souffrez pas de problèmes mentaux, vous savez que vous êtes vous: vous êtes Raymond, Shantanand, Martin, Ruth, etc. Mais qui est ce « Raymond », qui est ce « Shantanand »? Si je vous revois dans dix ans et que je ne vous reconnais pas, vous me rappellerez que nous nous sommes rencontrés dix ans plus tôt. Si je vous demande: « Comment savez-vous que vous êtes la même personne? », vous vous direz peut-être que je suis devenu fou.

Au cœur de votre être et au cœur de mon être, nous savons que nous continuons d'être les mêmes. Beaucoup de choses en moi changent – mon corps, mon apparence, mes pensées, mes relations, mon imagination, mes fantasmes, mes valeurs et mes normes – mais quelque chose en moi reste identique et transcende tous les changements. Êtes-vous capable de percevoir cette essence immuable en vous? Vous ne pouvez peut-être pas l'objectiver ni la voir, mais sentez-vous quelque chose d'immuable en vous?

Si, malgré tous les changements qui se produisent à la périphérie de votre être, vous êtes le même, alors pourquoi vous efforcez-vous de devenir ce que vous n'êtes pas? Voulez-vous devenir ce que vous n'êtes pas? Ou bien, voulez-vous savoir ce que vous êtes vraiment? Où devez-vous aller, que devez-vous chercher, que devez-vous accomplir pour vous connaître tel que vous êtes vraiment?

L'illumination est la réalisation de l'essence de votre être, cet être qui supporte votre personnalité, vos combats et vos expériences. Comme sur l'eau d'un lac, il y a peut-être des vagues, des clapotis, des remous, mais derrière tout cela, il n'y a que l'eau. Cette essence est dans toutes vos expériences, négatives aussi bien que positives. C'est ainsi que vous savez que vous êtes le même, malgré les changements superficiels. La voie de la *dévotion* vous amène en un lieu où vous avez confiance de mériter la grâce Divine et d'être digne de la réaliser partout. Si Dieu est grâce et miséricorde, alors Dieu doit être en relation avec vous ici et maintenant, même si vous pensez ne pas le mériter.

Peu importe à quel point vous luttez, peu importe le degré de vertu que vous atteignez, si vous ne développez pas le sentiment que vous *méritez* la grâce de Dieu, vous vous sentirez toujours négatif et connaîtrez toujours l'insécurité. Même si votre relation à l'électricité et aux bougies est merveilleuse, vous avez quand même besoin que le soleil brille, sinon le monde sera plongé dans trop de ténèbres. Aussi, laissez la lumière de Dieu briller à travers votre « manque de mérite », à travers votre anxiété, vos peurs. Ouvrez ces portes que vous pensez fermées, même à la grâce de Dieu.

Vous êtes habitué à penser en termes de choses à faire. Si l'on vous dit de répéter un mantra ou de vous lever à cinq heures du matin et de méditer pendant deux heures chaque jour, cela vous semble sensé. Si l'on vous dit d'être altruiste, bon et charitable, cela vous semble sensé. Mais si l'on vous dit d'être vous-même, d'ouvrir toutes les portes de votre cœur pour laisser pénétrer la brise Divine, cela ne vous semble pas sensé. Tant que vous croyez en votre ego et en votre capacité d'agir, vous pensez en termes de faire ; vous pensez pouvoir faire quelque chose pour créer la grâce de Dieu et l'illumination.

Mais la chose la plus importante, c'est d'être simplement vous-même. Et cela peut vouloir dire être jaloux, peu sûr de vous, fragmenté et craintif. Acceptez-le. Ne le niez pas et ne le supprimez pas. Admettez-le et voyez pendant combien de temps ces sentiments négatifs de peur, de jalousie ou d'insécurité restent dans l'espace de votre cœur, dans l'espace de votre conscience. Soyez patient. Ne réagissez pas. Ne commencez pas à faire quelque chose. Soyez simplement vigilant. Il est possible que ce soit difficile pour vous d'être vigilant; ce pourrait être plus facile de commencer à faire du jogging. Si vous avez envie de faire du jogging, faites-en. Si vous avez envie de danser, dansez. Faites n'importe quoi, mais soyez vous-même.

Pour être en contact avec la peau de votre corps, vous devez enlever vos vêtements. Pour prendre une douche, vous devez enlever vos vêtements. Vous êtes constitué d'Essence Divine; vous êtes pure Essence Divine; mais tant que vous restez loin de vous et que vous évitez de vous faire face, vous ne pouvez entrer en contact avec cette Essence Divine. Au lieu d'enlever vos vêtements, vous en mettez toujours plus. Ensuite, vous vous plaignez que vos vêtements vous démangent.

# CRÉEZ UN ESPACE POUR LA PAIX

Vous êtes obligé de gagner votre vie ; vous devez préparer des repas pour votre ami, votre amie, votre mari, vos enfants ; vous devez vous occuper de vos chiens et de vos chats ; vous devez tondre le gazon. Pour un temps, prenez plaisir à toutes ces occupations. Dieu n'est pas pressé. Dieu peut se permettre de se passer de vous pendant quelque temps encore. Mais pouvez-vous vous permettre de vous passer de Dieu ? Vous avez besoin de créer un espace pour la grâce de Dieu. Si je serre les poings, puis-je me plaindre que vous ne vous montrez pas doux avec moi ? Même si vous vouliez être doux, j'ai les poings serrés. C'est moi qui doit les ouvrir.

L'esprit ne cesse de se plaindre : « Sans la grâce, il n'y a pas de paix. Je veux l'illumination et la paix. »

– Crée un espace pour moi, murmure Dieu, et je viendrai tout de suite.

– Je m'excuse, je m'excuse, répondez-vous. Je sais que Tu es là et que Tu me veux du bien, mais je suis occupé.

Pourtant, même si vous êtes occupé, vous vous gardez du temps chaque jour pour manger, aller à la toilette, dormir et faire l'amour. Ne pouvez-vous ménager un peu de temps, de temps à autre, pour la grâce de Dieu ?

# CESSEZ DE «FLIRTER», VOUS ÉLOIGNEZ LA GRÂCE

La grâce de Dieu ou l'illumination ressemble à un prince ou à une princesse que vous voudriez épouser. Si vous avez des aventures avec d'autres filles ou d'autres garçons, cette divine princesse, ce prince divin voudront-ils de vous? Des centaines d'amoureux se pressant à votre porte à chaque instant vous rendront-ils vraiment heureux? Si vous en avez des centaines, êtes-vous capable d'être pleinement présent à un seul d'entre eux? De la même manière, vous avez des centaines de centres d'intérêt, de pensées et de fantasmes contre lesquels vous luttez et dont vous vous plaignez; pourtant, vous n'êtes pas prêt à vous en défaire. Alors vous dites: «Il n'y a pas de grâce dans ma vie; comment trouver la paix?» Si vous voulez la paix, elle est là. Votre tâche est d'arrêter de flirter.

Certains besoins sont impérieux. Vous avez besoin de manger, vous avez besoin de dormir, vous avez besoin de gagner votre vie. Tout cela, faites-le. Ensuite, créez un espace réservé uniquement à la paix. Même si la paix ne vient pas séance tenante, soyez patient. Attendez. Pourquoi vous montrer pressé? La lumière et la joie s'en viennent. Enfant, pouviez-vous devenir adulte en quelques jours seulement, uniquement parce que vous étiez impatient de le devenir? Combien d'années vous a-t-il fallu? La paix viendra avec de la patience. Créez un espace et attendez. Quand vous le créez, ne regardez pas la télévision, ne téléphonez à personne. Soyez seul avec vous-même pendant une demi-heure ; entrez en contact avec votre paix intérieure, votre grâce, votre amour intérieur, votre lumière et tirez plaisir de votre quiétude.

# RENDRE LES AUTRES HEUREUX

Si vous ne parvenez pas à être seul avec vous-même, servez-vous d'un mantra ou d'une prière comme point focal. Si vous ne parvenez pas à vous focaliser sur votre mantra, lisez un livre sacré, écoutez une cassette que vous aimez. Si vous ne parvenez pas encore à vous sentir heureux, pensez à ce que vous pourriez faire de manière désintéressée pour quelqu'un d'autre. Si vous ne savez toujours pas quoi faire, téléphonez à quelqu'un et dites-lui que vous vous souciez de lui, que vous l'aimez vraiment et qu'il vous manque.

Les êtres humains ont besoin d'être aimés et ont besoin que les autres aient besoin d'eux. Prenez donc le temps de faire en sorte que quelqu'un se sente nécessaire. Il est possible que vous ayez grand besoin d'entendre que vous importez dans la vie de quelqu'un, et en même temps que vous oubliiez que cette personne aimerait peut-être vous entendre dire la même chose. Prenez le temps d'amener quelqu'un à se rendre compte à quel point il a été important dans votre vie. Au lieu d'emprunter les sentiments des autres (comme, par exemple, les textes imprimés sur les cartes de Noël commerciales), prenez le temps d'écrire de votre propre main quelque chose qui traduise vos propres sentiments. En empruntant les sentiments des autres, pensez-vous vraiment pouvoir toucher quelqu'un ?

Si vous n'êtes pas capable de poser un geste simple pour rendre quelqu'un heureux, comment pouvez-vous vous sentir bien dans votre peau ? Quand on reçoit toujours, sans jamais rien donner, on ne se sent pas bien. Pour avoir une image positive de vous, adoptez l'attitude de celui qui donne ; sans image positive de vous-même, votre esprit ruminera sans cesse vos patterns négatifs. Si vous développez une image positive de vous, fondée sur l'altruisme, votre esprit se fondra dans cette lumière pure dans laquelle il n'y a ni jalousie ni insécurité ni compétition ni combat.

# Réglez votre vie

Après avoir créé un espace de paix, l'étape suivante consiste à mener une vie réglée.

Si vous menez, pour le moment, une vie désordonnée, déréglée, ne soyez pas trop dur envers vous-même. Vous devez commencer par accepter votre vie telle qu'elle est, acceptez-vous tel que vous êtes, et évitez les extrêmes. Ceci fait, vous pouvez apporter les changements souhaités.

Vous pouvez régler votre vie en trois phases :

1. Réglez-vous tel que vous êtes.
2. Introduisez un élément nouveau qui ne soit pas trop difficile.
3. Introduisez l'idéal que vous voulez atteindre dans la vie, et qui peut être difficile.

# RÉGLEZ-VOUS TEL QUE VOUS ÊTES

Supposons, par exemple, que vous vous leviez tantôt à huit heures, tantôt à huit heures trente, tantôt à neuf heures. Vous n'avez pas besoin d'essayer de vous lever à six heures pour régler votre vie. Acceptez de vous lever à huit heures trente ou à neuf heures; essayez simplement de vous lever à la même heure chaque jour. Vous pouvez quand même consacrer régulièrement dix minutes à la paix intérieure et à l'harmonie avec le Divin.

Si votre objectif, au cours de cette première phase de régularisation, est de régler votre consommation d'alcool, ne vous dites pas: «J'arrête de boire.» Pour développer votre confiance en vous, continuez de faire tout ce que vous faisiez – mais faites-le consciemment et en vous acceptant. Dites-vous plutôt: «Je vais continuer de boire la même quantité d'alcool», mais réglez-la de façon à ne pas en abuser.

C'est très difficile, mais c'est la première phase de l'autorégulation. Décidez, par exemple, la quantité de bières acceptable pour vous et dites-vous: «Je ne boirai pas plus de bières que ça pour le moment.» Si vous fumez, décidez la quantité de cigarettes acceptable pour vous et dites-vous: «Je ne fumerai pas plus de cigarettes que ça pour le moment.»

# INTRODUISEZ UN ÉLÉMENT NOUVEAU PAS TROP DIFFICILE

Après avoir pratiqué la première phase pendant deux mois, passez à la seconde phase d'autorégulation. Ne vous pressez pas. Ayez des normes très simples que vous pensez pouvoir atteindre facilement. Si vous vous êtes levé à huit heures pendant deux mois, commencez maintenant à vous lever à sept heures et demi. Si vous estimez fumer plus que ce que vous aimeriez, diminuez graduellement – peut-être de deux cigarettes par jour.

# INTRODUISEZ VOTRE IDÉAL

Après avoir travaillé la deuxième phase pendant deux mois, passez à la troisième phase : la voie de votre idéal. « Voici la vie idéale que j'aimerais mener. Je ne veux pas boire d'alcool, donc je n'en boirai pas. Je veux me lever à cinq heures, donc je me lèverai à cinq heures. » N'essayez pas d'introduire tous vos idéaux en même temps. Cela ne ferait que créer de la division dans votre psyché. Vous pensez : « Je ne vaux rien parce que je ne suis pas capable d'y arriver et parce que je ne serai jamais capable d'y arriver. » Même si vous n'en êtes qu'à la première phase de votre autorégulation, vous êtes quand même capable de réaliser votre Essence Divine. L'illumination ne dépend d'aucune règle (même si les règles vous aideront).

# VOYEZ LA PRÉSENCE
## DE DIEU EN VOUS
## DÈS À PRÉSENT

Continuez de vous accepter tout au long du processus d'autorégulation. Disons que vous vous retiriez dans une belle chambre, que vous vous couchiez dans un beau lit, que vous écoutiez de la belle musique et que vous soyez allongé à côté d'une belle partenaire. Après un certain temps, vous allez vous endormir et ronfler. Mais si vous n'avez pas de belle chambre, pas de beau lit, pas de belle musique et pas de belle partenaire avec qui partager le sommeil, qu'arrive-t-il ? Vous vous endormez de toute façon. Car Dieu vous a donné le pouvoir d'accepter et de supporter énormément de choses. Au lieu de vous culpabiliser de n'être pas encore arrivé là où vous voulez aller, demandez-vous : « Comment suis-je maintenant, tout de suite ? » Vous n'avez pas besoin de vous battre contre vous-même ni d'aspirer être ce que vous n'êtes pas. Vous pensez : « Un jour, je serai saint, je serai réglé, je serai bon et généreux. » Si Dieu est présent en vous dans toutes les phases de la croissance, Dieu doit être présent aussi, ici et maintenant. Voyez la présence de Dieu en vous dès à présent.

# BRISER LE COCON DE L'ISOLEMENT

Nous avons créé nos propres cocons: « Me voici, moi, le dénommé Shantanand. » Qu'est-ce que ce Shantanand? Est-ce une réalité? Nous vivons dans le même cosmos, nous partageons le même air, la même lumière, la même terre et pourtant, au nom de notre ego, nous créons des frontières. Penser: « Me voici, moi; tout le monde devrait savoir à quel point je suis formidable » est une illusion de l'ego. Par l'amour désintéressé et par le partage, nous brisons l'illusion d'être séparés et formidables, ou séparés et pourris, et nous nous rendons compte que nous faisons tous partie d'un seul grand Tout.

# À L'IMAGE DU DIVIN

Consacrez donc un peu de temps à l'autorégulation, un peu de temps et d'argent au bénévolat, et consacrez beaucoup de temps à vous accepter et à vous célébrer. Quand vous vous regardez dans votre miroir, ne vous dépêchez pas de vous peigner pour bien paraître aux yeux des autres. Prenez le temps de regarder vraiment votre divinité : « Mes yeux sont beaux. Ces beaux yeux me permettent de voir. Comme Dieu brille par mes yeux, par mes lèvres ! Dieu, par mes mains, fait d'élégants mouvements. » Vous êtes-vous créé tout seul ? Vous êtes Son portrait. Vous êtes Divin. En vous appréciant, c'est le grand Peintre que vous appréciez. Si vous ne vous voyez pas dans cette perspective, votre esprit vous compare aux autres et vous vous sentez fier (« Qu'est-ce qui cloche chez lui ? ») ou bien médiocre (« Qu'est-ce qui cloche chez moi ? »).

La conviction qu'il y a quelque chose qui cloche est un grand blocage. Vous aimez vos enfants, vous aimez votre mari ou votre épouse, vous aimez votre chien, vous aimez les fleurs et les arcs-en-ciel – mais vous ne vous aimez pas vous-même. Pourquoi ? La Divinité en vous est immuable. Même si vous vous êtes soûlé, même si vous avez été stupide, si vous avez trompé quelqu'un ou avez été trompé, votre divinité intérieure est restée la même. Quand vous vous appréciez, vous ne bâtissez pas votre ego ; vous devenez impersonnel au moi personnel. En apprenant à devenir impersonnel à votre moi personnel, vous appréciez la grâce de Dieu, la lumière de Dieu en vous.

Acceptez-vous sans entrer dans vos culpabilités concernant le passé ni dans vos fantasmes concernant l'avenir. Célébrez l'instant présent. Même si vous ne vous sentez pas formidable tout le temps, les sentiments négatifs ne durent pas. Vous avez peut-être mauvaise opinion de vous parce que vous avez déjà eu des idées lubriques, mais êtes-vous lubrique en cet instant? Même si vous essayez de vous accrocher à la lubricité, vous en êtes incapable. Essayez de vous accrocher à la cupidité: «Je suis cupide... Je suis cupide... Je suis cupide.» La cupidité est une pensée. Aucune pensée ne peut rester constamment présente dans votre conscience. Quand vous êtes cupide, vous n'êtes pas lubrique. Quand un sentiment est là, les autres sentiments sont absents. Ces sentiments de cupidité, de lubricité, de jalousie et d'insécurité sont des costumes différents. Parfois, vous portez cette chemise-ci, parfois celle-là. Pouvez-vous dire, si vous n'avez pas de chemise, que vous n'êtes plus là? Si vous continuez d'être, en dépit de tous ces sentiments, qui êtes-vous?

Même avec les meilleures intentions et en faisant tout votre possible, vous ne toucherez pas au but à moins d'être capable de vous apprécier de faire de votre mieux. Faites donc de votre mieux – mais aussi appréciez-vous de faire de votre mieux, et appréciez l'Essence Divine en vous.

Que pouvez-vous faire mieux – ou que puis-je faire mieux – maintenant, tout de suite? Par exemple, je vous destine ces phrases que vous lisez. Si mon intention est de partager du mieux que je peux, alors je suis heureux d'être capable de partager ce que je partage. Je ressens la plus extrême satisfaction du fait que ce que vous avez devant les yeux est le mieux que je puisse faire. Ce moment est le plus magnifique de ma vie, parce que quand je fais de mon mieux, n'importe quel moment est le plus magnifique.

Pouvez-vous ressentir en vous le même sentiment? Vous êtes ici. Même si vous n'aimez pas ce que j'écris, vous êtes assez courtois pour continuer à lire. Appréciez votre courtoisie, et reconnaissez à quel point vous êtes merveilleux de ne pas vous arrêter. Et si mes propos ne vous ennuient pas mais qu'au contraire vous en tirez plaisir, sentez-vous bien d'en tirer plaisir. Reconnaissez à quel point vous êtes merveilleux de lire et de laisser ces mots de paix, de joie et de liberté imprégner votre être. Il n'existe en réalité aucun blocage qui puisse empêcher l'illumination, sauf votre manque de foi en votre pureté et en votre bonté intérieure. Vous doutez de votre propre valeur. Quand vous n'en doutez pas, vous la découvrez.

# CRÉEZ UN ESPACE POUR LA GRÂCE DIVINE

Créez un espace pour la grâce Divine, ménagez du temps pour le service Divin, du temps pour le chant, du temps pour votre point focal, du temps pour être vous-même et pour vous célébrer vous-même.

Trouvez un groupe dans lequel vous êtes capable d'être vous-même, un groupe dans lequel les autres n'essaient pas de vous changer et dans lequel vous n'essayez pas de les changer. Quand vous ne vous sentez pas menacé dans un groupe, vous éprouvez un sentiment d'être impersonnel; et plus vous entrez en contact avec cet être impersonnel, plus vous sortez de votre conscience de vous-même, de votre conscience limitée. Au début, vous avez besoin d'un peu de feed-back. Si le groupe vous donne du feed-back, vous développez assez de confiance pour poursuivre par vous-même votre quête spirituelle.

Le chant est une façon d'ouvrir votre cœur à la lumière cosmique, à l'amour, à la joie et d'entrer en contact avec votre Divinité. Vous appréciez d'abord la mélodie; puis, graduellement vous entrez en contact avec cet espace où vous pouvez simplement vous laisser couler avec le courant et être vous-même. Certaines personnes sont réticentes à chanter, mais c'est une des meilleures façons de relaxer et de transcender la conscience de soi. Vous n'avez pas à chanter des noms qui vous sont étrangers; vous pouvez chanter Jésus ou Marie; vous pouvez chanter des chants d'amour, de paix et de vie. Créez vos propres chants.

# L'ILLUMINATION

Il est impossible d'expérimenter l'illumination en étant fragmenté. Dès lors, décidez quelle pensée vous voulez maintenir, et ignorez les autres. Dans le processus de les ignorer, vous aurez le sentiment d'avoir remporté une victoire sur vous-même et votre esprit de décision vous remplira de gaieté.

À moins de prendre conscience du pouvoir curateur de votre présence, vous ne serez pas capable de vous guérir vous-même ni de guérir le monde. Vous devez être humble ; mais l'humilité ne veut pas dire nier votre Essence Divine. L'illumination, ce n'est rien d'autre que réaliser cette Essence.

Vous n'avez pas à être érudit, pur, discipliné ou à pratiquer la méditation pour reconnaître que vous êtes vous-même. Votre cœur change constamment ; vos pensées changent constamment ; pourtant vous êtes certain d'être le même moi. Quand vous êtes en contact avec l'Essence immuable en vous, vous êtes un être illuminé.

La plupart d'entre nous ont des illusions concernant l'illumination. Il faut d'abord identifier ces illusions et ensuite s'en débarrasser. L'illumination ne signifie pas atteindre l'extase en dehors de tout et fuir les défis de la vie. L'illumination est ce qui vous rend assez fort pour défier vos peurs et être authentiquement vous-même. Jésus, Bouddha et n'importe quel autre être illuminé étaient tous

très humains. Ils ne se sont pas transformés en saintes statues et n'ont pas perdu leur sensibilité humaine. Ils ont continué à se préoccuper des autres. Ils ont partagé leur
enseignement et leur amour avec toute l'humanité.

# POURQUOI
## COMPARTIMENTER DIEU?

Il n'y a pas de plus profonde illusion que de penser que nous vivons une vie de spiritualité. Quand vous pensez : «Maintenant je mène une vie de spiritualité, je médite et je suis saint», vous ne faites qu'alimenter votre ego. Quand vous réalisez vraiment votre Essence Divine d'immuabilité, alors vous vous libérez de vous-même. Et quand vous vous libérez de vous-même, vous cessez de vous sentir bien quand vous vous confinez à votre propre corps et à votre propre esprit.

Seuls ceux que l'égocentrisme de leur vie étouffe peuvent oser vivre la spiritualité. Quand vous en aurez assez de poursuivre des choses ordinaires, vous n'aurez pas à chercher la béatitude Divine – c'est elle qui vous cherchera.

Si vous n'en avez pas assez, alors admettez-le et soyez honnête, total et courageux en l'admettant. Continuez de poursuivre les choses ordinaires sincèrement et à fond. Si vous êtes incapable d'apprécier Dieu en tant que conscience cosmique, alors reconnaissez-Le dans la beauté d'une personne humaine. Quand vous rencontrez cette personne, témoignez-lui le plus extrême amour, la plus extrême adoration, comme si Dieu était entré dans votre vie. Dieu nous apparaît à tout moment, exactement sous la forme où nous sommes prêts à l'apprécier. Quand nous sommes ouverts à recevoir Dieu, une tasse de thé n'est plus une simple tasse de thé, une personne n'est plus une simple personne, un arc-en-ciel n'est plus un simple arc-en-ciel, mais quelque chose d'impressionnant, une expérience mystique dans laquelle vous vous ouvrez et transcendez votre individualité.

Pourquoi voulez-vous compartimenter Dieu, comme si Dieu ne pouvait se réaliser qu'à travers un mantra, un texte ou un gourou ? Certes, ils peuvent réaliser Dieu, mais Dieu peut aussi se réaliser ici et maintenant. Soyez attentif. Vous n'avez pas à sanctifier l'eau pour qu'elle coule vers la mer. Vous n'avez pas besoin de rituels spéciaux pour que la flamme monte vers le soleil. Cela se produit tout seul. Le soleil brille sur tout le monde sans juger de ce qui est saint et de ce qui ne l'est pas, sans juger de ce qui est bien et de ce qui est mal.

Si la lumière du soleil accepte tout, embrasse tout, alors qu'advient-il de la source de la lumière du soleil, l'Essence Divine ? Elle n'a pas le pouvoir de dire « non » à qui que ce soit. Cette Essence universelle nous nourrit tous. Sur cette terre il y a de beaux arbres fruitiers, de belles fleurs et beaucoup de plantes vénéneuses. Le sol les embrasse tous. L'Essence Divine existe en chacune d'elles.

# ATTEINDRE
# LE POINT D'ÉBULLITION

Si vous faites bouillir de l'eau pour une tasse de thé mais éteignez sans arrêt votre poêle, l'eau ne bouillira jamais. Il faut garder le poêle allumé pendant un certain temps. Pourtant quand il s'agit de quêtes spirituelles, vous allumez et éteignez, allumez et éteignez tout le temps. Parfois, vous allumez et vous dites : « Dieu est partout, Dieu est en moi, je suis Divin. » L'instant d'après, vous éteignez et vous dites : « J'ai trop mangé, je n'ai pas fait mes exercices, je n'ai pas été fidèle. » Quand votre esprit hésite, il n'atteint jamais le point d'ébullition qui permet de réaliser l'Essence Divine. Exposez-vous complètement à cette Essence Divine, et appréciez-vous de la reconnaître en vous. Plus vous vous appréciez de reconnaître l'Essence immuable en vous, plus vite vous réalisez sa Divine béatitude.

# S'ABANDONNER

L'illumination, c'est admettre le flux de la vie et s'y abandonner. L'abandon véritable ne peut se produire par l'intervention de la volonté. Tant que vous vous servez du pouvoir de votre volonté pour vous abandonner, vous ne savez pas ce qu'est l'abandon. Vous vous abandonnez à de nombreuses choses – à la nuit, au jour, aux saisons, au vieillissement. Vous acceptez en reconnaissant que vous n'avez pas le choix. Tant que vous pensez avoir le choix, vous pensez que vous êtes capable de choisir de retenir ou de laisser aller. Quand vous vous rendez compte que ces choses se produisent de toute façon, que vous êtes démuni, alors vous tombez à plat ventre contre le sol et vous réalisez que vous êtes tombé au pied du Divin.

Soyez disponible à vous-même. Ne laissez pas l'argent et les relations vous occuper au point que la vie vous étouffe. Permettez-vous d'être pauvre, improductif, sans amant – mais soyez disponible à vous-même. Quand vous l'êtes, vous créez une force magnétique, et toutes les richesses du monde viennent automatiquement à vous. Mais si vous êtes divisé à l'intérieur de vous, alors peu importe ce que vous possédez ou qui vous aime, vous y trouverez toujours des défauts. Cette négativité créera des blocages sur le chemin de votre illumination.

Soyez bon envers vous-même et envers les autres. Félicitez-vous quand vous abordez un moment avec conscience et avec amour. En célébrant un moment, vous le pénétrez et réalisez l'éternité. Si vous ne parvenez pas à célébrer le moment, vous ratez l'éternité.

En ce moment, je suis en paix avec vous. Vous êtes en paix avec moi. Je me permets d'être moi-même. Vous vous permettez d'être vous-même. Je trouve cela formidable. Vous trouvez cela formidable. Je me rends compte que rien ne m'a été ajouté – je suis le même moi. Vous vous rendez compte que rien ne vous a été ajouté – vous êtes le même moi. Je me rends compte qu'il ne me manque rien. Vous vous rendez compte qu'il ne vous manque rien.

Quand il ne nous manque rien, même si nous n'avons rien reçu, nous sommes des êtres illuminés.

# CONNAISSEZ VOTRE DIVINITÉ

Nous sommes Divins. Nous sommes déjà Divins. Nous n'avons donc rien à faire pour le devenir. S'il fallait pour être Divin faire quelque chose ou devenir quelque chose, notre Divinité ne serait pas Divine. Elle serait une fabrication des fantasmes de manipulation et de devenir de l'ego.

Vous êtes Divin, mais comme vous n'avez pas conscience de votre Divinité, vous la cherchez. Parfois, vous cherchez vos lunettes sans vous rendre compte que vous les avez sur le nez. Tant que vous pensez les avoir perdues, vous continuez de les chercher, mais si quelqu'un vous dit que vous les avez sur le nez, vous vous sentez heureux. Que nous soyons préoccupés de spiritualité ou non, nous recherchons tous la Divinité. Ne pensez donc jamais de manière égotiste que vous êtes spécial ou évolué parce que vous allez à l'église ou étudiez la méditation.

Comme l'eau coule vers la mer, il est de la nature de l'esprit de couler vers sa Source de Divinité. La quête de bonheur et de liberté est la quête de votre Essence Divine, et cette quête ne sera jamais achevée avant que vous ne réalisiez cette Essence. Chacun de nous la cherche selon ses propres tendances, sa propre compréhension des choses et les obsessions spécifiques de son esprit. L'un chemine sur le chemin de la connaissance ; l'autre sur le chemin de l'action ; l'autre sur le chemin de la méditation ; l'autre sur le chemin de la dévotion et de l'amour. Il y a de nombreux chemins et aucun chemin n'est mauvais.

# LE CHEMIN DE LA CONNAISSANCE
## ET LES DEUX MOI

L e chemin de la connaissance est le plus direct. Il vous dit que vous êtes déjà arrivé. Il n'exige pas que vous croyiez, même en l'Essence Divine ou en Dieu. Il n'exige pas que vous croyiez en votre maître spirituel. Il vous demande de croire en votre propre moi. Pas le Moi mystique, universel – oubliez ça. Qui sait si le Moi existe ou non ? Contentez-vous de croire en votre propre moi terrestre. Accrochez-vous de manière pratique et objective à ce que vous avez le sentiment d'être, d'après votre propre connaissance et votre propre compréhension. Ce chemin requiert que vous soyez réel avec vous-même – avec vos sentiments, vos aspirations, vos ambitions, vos obsessions, vos peurs, vos insécurités et vos sécurités. Ce chemin ne vous demande pas de croire en quoi que ce soit qui vous semble contraire à votre propre gros bon sens. Il ne vous conseille pas d'arriver quelque part ou de faire quelque chose. Il vous demande uniquement de vous accepter tel que vous êtes. Et c'est très, très difficile.

Votre esprit dit: «Comment puis-je m'accepter puisque je suis jaloux, colérique, compulsif, indécis et paresseux ? Si je m'accepte, je serai content de moi ; je ne m'améliorerai pas ; je n'expérimenterai jamais ce qui est le but de la vie. » Vous devez comprendre que si vous ne vous acceptez pas, vous ne serez pas capable de vous transcender, et si vous ne vous transcendez pas, vous ne serez pas capable de réaliser votre Moi réel.

Deux moi sont impliqués ici. Le premier est le moi grossier, physique, celui par lequel je parle ou celui par lequel vous écoutez, et l'autre est le Moi supérieur. Pour parvenir à transcender votre moi limité, vous devez être en contact avec ce moi limité et l'accepter. Si vous ne transcendez pas ce moi petit, grossier, vous ne réaliserez pas votre Moi universel.

Sur ce chemin, on vous demande: «Comment pouvez-vous vous convaincre d'avoir raison?» Vous n'avez pas d'autre choix que de vous accepter, puisque vous êtes comme vous êtes. L'idée de pouvoir faire quelque chose et de vous améliorer est une fiction que vous avez créée dans votre esprit. Vous faites tout ce que vous êtes amené à faire, et vous êtes amené à faire tout ce que vous êtes prêt à faire.

Supposons que vous vous créez la fiction d'être obligé d'attraper votre ombre. Vous êtes très brillant, vous possédez un doctorat et des pouvoirs mystiques spéciaux, et vous courez après votre ombre. Vous n'avez toujours pas réussi, mais vous ne voulez pas abandonner. Combien de fois faudra-t-il que vous manquiez votre coup avant d'admettre que, même très saint ou très sage, vous n'attraperez pas votre ombre? Votre douleur est immense. Vous vous êtes tellement investi dans la poursuite de votre ombre que vous ne voulez pas admettre qu'il est impossible de l'attraper. De la même façon, vous vous êtes tellement investi dans votre moi imaginaire que vous n'êtes pas disposé à y renoncer.

Un enfant essayait d'attraper son ombre, mais chaque fois qu'il s'élançait, l'ombre s'enfuyait. L'enfant se mit à pleurer. Son père le consola et lui dit: «Il est impossible d'attraper une ombre, mais quand on attrape l'objet qui projette l'ombre, alors on attrape l'ombre aussi.» Il plaça la main de l'enfant sur la tête de l'enfant, et l'enfant éclata de rire. Il venait d'attraper son ombre.

Ce chemin est un peu difficile à comprendre. Vous devez vous servir de votre tête, et c'est difficile pour la tête. Ce chemin ne concerne pas beaucoup votre cœur. Votre cœur doit être disposé à reconnaître la Vérité, et c'est la seule contribution du cœur sur ce chemin. La compréhension majeure viendra de la tête. Sur ce chemin, si vous comprenez clairement la Vérité dans votre tête, alors la Vérité descendra dans votre cœur. Ce n'est pas une chose que vous rationalisez tout simplement ; à un moment donné, vous commencez à la ressentir aussi.

Le fils nouveau-né d'un roi avait été kidnappé. Vingt ans plus tard, on attrapa un voleur ; après de nombreuses enquêtes, le roi découvrit que ce voleur était son fils. Tout le ressentiment qu'il éprouvait au début contre le voleur se transforma en compassion. Ce voleur était son fils unique qui, comme on l'avait découvert, avait été kidnappé et avait été élevé dans un milieu si mauvais qu'il était devenu voleur. Le fait d'admettre que le voleur était son fils transforma les sentiments du roi. Quand vous réalisez la Vérité, vous ressentez l'amour.

# LE DÉFI

Il est de la nature de l'esprit de traverser des hauts et des bas. Parfois, l'esprit est en paix, parfois il est exaspéré, parfois il est obtus et endormi. Quand vous êtes un peu plus lucide, vous vous rendez compte que tout cela est très bien ainsi. Quand l'esprit est absolument lucide, il est rempli d'amour, il est extasié. Cet état s'appelle la béatitude. Les écritures disent: «Quand un homme de sagesse est dans l'espace lucide de la compréhension ou dans l'espace agité du réussir et du prouver, ou dans l'espace sans éclat de l'inertie, il accepte facilement et sereinement ces trois états de l'esprit. »

Vous luttez contre vous-même. Vous pensez que votre esprit est comme il est parce que vous n'êtes pas éclairé; mais même l'esprit de l'être éclairé traverse ces trois états: la sérénité, l'activité, l'inertie. Ces états appartiennent aux trois gunas et sont à l'œuvre en chacun de nous. Vous êtes la même personne, mais vous expérimentez les choses de trois manières différentes en fonction de ces trois énergies. C'est aussi normal que la faim, mais vous n'avez pas accepté qu'elle était normale.

# SANS PROBLÈME,
## POUVEZ-VOUS EXISTER?

Vous avez votre propre lot de sérénité, mais parce que vous luttez contre l'agitation et contre la torpeur, vous perdez conscience de la sérénité. Essayez de vous accepter pendant dix minutes et voyez ce qui arrive. Quand vous vous acceptez vraiment, le problème que vous avez s'estompe. Vous vous impliquez subjectivement dans le problème, vous réagissez au problème et c'est ce qui le perpétue, l'intensifie et l'aggrave.

Le problème, c'est que vous ne vous sentirez pas heureux sans un problème. Vous vous êtes senti utile de trouver un problème et de l'affronter. Dès l'instant où vous vous rendez compte qu'il n'y a pas de problème, vous vous sentez inutile, et donc vous voulez un problème. Quand vous vous rendez compte qu'il n'y a plus de problème, vous commencez à disparaître aussi.

C'est le stade final de la transition. En tant que personne spécifique, vous ne pouvez exister que par opposition à quelque chose. Vous ne pouvez exister qu'en interaction avec quelque chose. Quand vous ne pouvez interagir avec rien, votre moi individuel ne peut survivre. Voilà le défi sur le Chemin de la Connaissance.

Pendant cette transition, vous éprouverez de l'insécurité. Il vous est facile de conclure que vous êtes peu sûr de vous, que vous êtes lubrique ou compulsif; mais sur ce

chemin, il vous est demandé, au lieu de tirer des conclusions, d'être disponible à vous-même et de voir pendant
combien de temps durent cette insécurité, cette lubricité
ou cette compulsion. Pour le faire, vous devez être
disponible à cet endroit-là précisément. Vous ne pouvez
présumer, parce que vous avez laissé votre chien dans votre
maison, que le chien est dans la maison. Vous devez être
dans la maison et voir le chien pour vérifier s'il y est vraiment. Nous nous plaignons tous : « Personne ne comprend,
personne n'est fidèle. » Le chien sauvage de la compulsion,
de la lubricité, de l'insécurité et de l'indécision est-il toujours fidèlement présent dans votre esprit ? Qui pourra
déterminer pour vous si le chien est présent ou non ?

Vous priez Dieu : « Mon Dieu, aide-moi à me débarrasser de ce chien, j'en ai assez de ce chien. » Qu'attendez-
vous de Dieu ? Si vous me téléphonez pour me dire :
« Swamiji, je vous aime », cela me fera plaisir, mais si vous
n'arrêtez pas de me téléphoner : « Swamiji, je vous aime, je
vous aime, je vous aime », je dirai : « Cela suffit. Laissez-
moi tranquille ! » Si vous dites à votre miroir : « Je t'aime, je
t'aime, je t'aime », que peut le miroir pour vous ? Le miroir
vous inspire ; votre reflet vous inspire ; mais vous devez vous
servir de vos propres mains pour appliquer votre maquillage.

Sur cette voie, vous êtes ramené à vous-même. Sur cette
voie, quoi que vous fassiez, c'est vous directement qui le
faites. Personne ne fait rien à votre place. Vous voyez le
paradoxe : même si vous n'êtes pas celui qui fait, vous
assumez l'entière responsabilité des actes. Si vous avez
faim, Dieu ne mangera pas pour vous. Si vous avez besoin
d'aller aux toilettes, Dieu n'y ira pas pour vous. Dieu est
tout-puissant, mais Il ne peut aller aux toilettes pour vous
*qu'à travers* vous. Vous devez aimer Dieu, mais n'attendez
pas trop de Lui. Sur cette voie, quand vous êtes présent à
vous-même, quand vous devenez disponible à vous-même,

vous découvrez que les pensées, les tendances et les désirs négatifs disparaissent; et quand ils disparaissent, vous découvrez que « vous » disparaissez aussi.

Vous voulez dormir, mais votre partenaire vous dérange. Quand votre partenaire est assez courtois pour ne pas vous déranger, vous vous endormez. Quand vous dormez, où est cette personne qui se disputait avec votre partenaire? Quand vous vous endormez, vous perdez à la fois votre partenaire et cette personne qui se plaignait de son partenaire. Dans le sommeil profond, celui que le partenaire agité dérangeait n'est plus là. Il a fondu dans le sommeil.

À cause de cet esprit stupide, j'expérimente « Shantanand ». Quand l'esprit s'endort, Shantanand est englouti dans le sommeil. Votre moi individuel, celui qui a tous les problèmes, s'en ira quand vous cesserez de jouer avec les pensées. Vous êtes prêt à ce que vous êtes prêt. Si vous n'êtes pas prêt, il n'y a rien de mal à n'être pas prêt. Vous voulez être prêt tel que vous êtes. Vous n'êtes donc pas aussi extraordinaire que Mère Teresa. Soyez disposé à vous accepter tel que vous êtes.

Quand j'étais petit, les garçons plus âgés parlaient des filles et je me demandais pourquoi. Ils me disaient: « Quand tu seras plus vieux, tu comprendras pourquoi on parle des filles. » Je me demandais: « Pourquoi je ne peux pas comprendre tout de suite? » Cela m'ennuyait qu'ils me disent d'attendre d'être plus vieux pour comprendre. Je me sentais vexé qu'ils mettent en question la validité de mon intelligence. Plus tard, je me rendis compte qu'ils avaient raison. Même si je faisais tout mon possible, je ne pouvais rien comprendre plus tôt. Quand vint le temps de comprendre, je compris sans rien demander à personne. Il n'y avait rien de mal à ne pas comprendre plus tôt. Il n'y a rien de mal à ne pas ressentir de passion dévorante pour la réalisation de soi, la réalisation de Dieu ou le dévouement altruiste. Tout cela arrive pendant le processus de croissance.

# VOTRE NATURE EST PLÉNITUDE

Voyez à quel point les enfants sont heureux : ils sourient et rient. Ils rayonnent d'une telle énergie, d'une telle béatitude. Malgré toute notre sagesse et toute notre compréhension, pareille béatitude émane rarement de nous. Les enfants expérimentent la plénitude. Certains adultes, ceux qui sont plus avancés, expérimentent la même plénitude.

Cette plénitude s'interprète de différentes façons. La plénitude est universelle, la plénitude est Divine, et vous êtes fait de cette plénitude. Du moment où vous vous acceptez avec toutes vos limites, vous célébrez votre plénitude ; et quand vous célébrez votre plénitude, vous oubliez vos limites. Quand vous avez confiance en vous, quand vous vous acceptez, quand vous êtes disponible à vous-même, vous vous rendez compte que « vous » est absent ; Dieu brille.

Scrutez en vous et voyez pendant combien de temps vous êtes capable de maintenir la conscience objective de ce que vous y trouvez. Ne vous laissez pas impliquer subjectivement dans des pensées comme : « Voici mon insécurité, mon désir, ma compulsion, mon indécision, ma quête de Dieu. » La quête de Dieu est une pensée aussi. La quête est une fabrication de l'esprit. Quand vous vous endormez, cherchez-vous quelque chose ? Chercher n'est pas votre véritable nature. Votre véritable nature est la plénitude. Quand vous entrez en contact avec vous-même, vous constatez que vous n'avez pas vraiment besoin de chercher. Quand il n'y a pas de recherche, il n'y a pas de chercheur, il n'y a que la plénitude. Soyez uniquement vous-même. Acceptez vos pensées de corruption, d'insécurité, de peur ou de jalousie, et elles se transformeront en Divinité. Quand vous n'accordez plus de validité aux pensées, elles disparaissent comme une vague qui va se fondre dans la mer.

Sur cette voie, vous êtes censé défier votre maître spirituel, et si votre maître spirituel est vraiment ouvert, s'il aime vraiment, il sera heureux de constater que vous êtes un bon élève puisque vous le défiez. Si vous prenez les choses pour acquises, vous n'appartenez pas au Chemin de la Connaissance parce que vous n'êtes pas enclin aux défis; votre esprit est trop terne. N'acceptez rien; ne croyez en rien, sauf en ce qui a du sens pour vous. Si quelque chose n'a pas de sens, n'y croyez pas. Gardez vos questions pendant cinq minutes. Après cinq minutes, voyez si votre question reste dans votre cœur.

# MÉDITONS ENSEMBLE

Comment vous sentez-vous?... Observez ce que vous ressentez... Si vous vous sentez très bien, célébrez l'impression de vous sentir très bien... Si vous vous sentez mal dans votre peau, acceptez-le également... Déterminez ce qui vous rend mal... Acceptez tout ce que vous découvrez et observez pendant combien de temps les causes restent dans l'espace de votre conscience... Toute cause de malaise dans l'instant présent est une pensée, et toute pensée par nature est fugace... Quand cette pensée spécifique disparaît, vous ne pouvez plus continuer à vous sentir mal...

Maintenant, vous êtes simplement vous-même... gardez les yeux ouverts si vous trouvez que c'est plus facile... En étant vigilant, vous trouverez cette béatitude que vous avez cherchée... Cet afflux d'amour submergera votre être... Cet afflux de paix absorbera votre moi individuel...

Avez-vous un problème ou savourez-vous le fait de ne pas en avoir?

... Ou bien vous n'avez pas peur ou bien vous faites face à votre peur... Ou bien vous êtes satisfait ou bien vous faites face à votre insatisfaction... La lucidité est une clé sur le Chemin de la Connaissance... Soyez lucide...

N'imaginez rien... Ne vous en faites pas et soyez lucide... Même si vous vous ennuyez, acceptez l'ennui... Voyez pendant combien de temps l'ennui reste dans l'espace de votre conscience... Rien ne peut vous faire du mal ; la seule chose qui puisse arriver, c'est que vous vous endormiez dans cet ennui, alors endormez-vous... Acceptez-vous... Entrez en contact avec vous-même et voyez si vous avez vraiment envie de Dieu ou de l'illumination... Si cela vous est égal, ne vous sentez pas mal dans votre peau pour autant... Soyez simplement vous-même... Dieu vous attendra... Il veut vous voir heureux... Vous êtes heureux ou vous êtes malheureux... Si vous êtes malheureux, déterminez-en la raison et voyez pendant combien de temps la raison de votre malheur reste dans l'espace de votre conscience... Si vous êtes heureux, appréciez-vous simplement...

Soyez vigilant ; observez comme une pensée chasse l'autre, un désir chasse l'autre, un sentiment chasse l'autre... Vous ne faites rien pour les chasser... Cela se produit simplement tout seul... Vous l'observez simplement... Il vous est impossible d'observer, à moins d'être présent, d'être disponible.

Maintenant, pendant deux minutes, nous allons faire l'expérience d'un exercice de respiration accélérée, profonde. La respiration est en étroite corrélation avec l'esprit, et c'est l'esprit qui pense être lié et qui pense devoir trouver Dieu. Quand vous cessez temporairement de respirer, vos pensées aussi restent temporairement suspendues et vous entrevoyez la liberté.

Pour atteindre cet état, respirez dix fois très profondément. Ensuite, accélérez le rythme de votre respiration. Respirez très vite. En moins d'une minute, vous vous sentirez épuisé, alors vous arrêterez de respirer ; mais avant d'arrêter, inspirez aussi profondément que vous le pouvez et retenez votre inspiration. N'oubliez pas d'arrêter de respirer uniquement après avoir inspiré ; n'expirez pas.

Pendant que vous retenez votre inspiration, observez simplement ce que ressent votre esprit. Vous constatez que votre esprit s'est libéré de toute pensée, de tout désir, de toute émotion. Vous vous sentez formidablement bien.

Maintenant, expirez doucement.

D'abord, commencez par respirer très profondément plusieurs fois... Plus vite maintenant, laissez tressauter tout votre corps comme si vous étiez à cheval... plus vite, plus vite, plus profondément, plus profondément... Maintenant, INSPIREZ ET ARRÊTEZ.

Comment vous sentez-vous ? Entrez en contact avec ce que vous ressentez, entrez en contact avec votre espace... Vous êtes en contact avec votre être, votre existence pure, libre de toute pensée, de tout désir, de toute émotion et de tout conditionnement.

Vous êtes vous, satisfait de vous... Vous êtes en contact avec votre Essence Divine, qui est satisfaite de nature.

Quand vous êtes en paix avec vous-même, vous vous acceptez tel que vous êtes. Vous acceptez votre corps, vous acceptez votre esprit. L'Essence Divine est en vous et à l'extérieur de vous. Décontractez-vous et soyez vous-même. Relaxez comme si vous étiez absolument seul ; les autres ne sont que de simples statues. Comment souhaiteriez-vous être si vous étiez complètement seul ici ?

Maintenant, ouvrez les yeux et regardez ce qui vous entoure. Tout n'est qu'un miroir. Regardez simplement les choses comme si vous alliez y voir votre reflet.

Quand vous voyez des formes différentes, vous vous comparez aux autres et trouvez des défauts. Quand vous réalisez votre Moi universel, vous vous rendez compte que Mère Teresa, c'est vous à travers Mère Teresa ; Shantanand est vous à travers Shantanand ; Guillaume est vous à travers Guillaume. L'eau en soi n'a pas de forme particulière ; elle prend la forme du contenant. L'Essence Divine en vous et en moi est pareille à l'eau. Chaque forme exprime cette Essence dans son être particulier

Le corps est le contenant, et l'Âme est l'eau. Entre les deux, il y a l'esprit, comme une onde. L'esprit pense : « Ce contenant-ci est meilleur que celui-là. » Le contenant n'a pas de problème, l'eau n'a pas de problème ; l'onde a un problème. Si l'onde était capable de se rendre compte qu'elle est constituée d'eau et que toute l'eau est la même eau, elle accepterait n'importe quel contenant.

Vous n'êtes peut-être pas le soleil, mais vous vous accepterez comme chandelle parce que c'est comme chandelle qu'on a besoin de vous. Deux amoureux qui mangent ensemble ne veulent pas la lumière du soleil, ils veulent dîner aux chandelles parce que la lumière est plus romantique. Vous êtes la lumière de la chandelle et vous êtes le soleil.

# TABLE DES MATIÈRES

Dan Millman, **La Voie du guerrier pacifique**, traduit de l'anglais par Françoise Forest, 1994, 447 pages.

Notre vie se compare à l'ascension d'un sentier de montagne. En cours de route, nous devons affronter des défis de toutes sortes. Nous *savons* pour la plupart ce qu'il faut faire, mais pour effectuer de véritables changements, nous devons passer du savoir à l'acte.

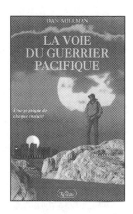

Dans ce 3e ouvrage de la série du « guerrier pacifique », Dan Millman nous montre comment nous pouvons transmuer nos intentions en actions, nos défis en forces et nos expériences en sagesse.

**La Voie du guerrier pacifique** nous donne des moyens simples, mais combien puissants, de trouver notre équilibre physique, de nous libérer l'esprit, d'accepter nos émotions et d'ouvrir notre coeur.

♦

Gabrielle Roth, **Les Voies de l'extase**, traduit de l'anglais par Annie J. Ollivier, 1993, 289 pages.

Gabrielle Roth nous propose de faire de l'extase une expérience quotidienne. Elle qualifie sa démarche de chamanique en ce sens qu'elle fait appel aux instincts, aux pouvoirs naturels, sacrés de l'humain, trop souvent occultés par une vie de surface.

Après la découverte de nos 5 rythmes sacrés, l'auteure nous invite à explorer tout notre être – non seulement le corps, mais aussi le coeur, le mental, l'âme, l'esprit – par le biais de la danse, du chant, de l'écriture, du théâtre, de la méditation.

**Les Voies de l'extase** nous propose une synthèse tout à fait unique des pouvoirs de l'humain et nous invite à dépasser les limites de l'ego pour connaître la plénitude de l'âme.

Marianne Williamson, **Un retour à l'Amour**, traduit de l'anglais par Ivan Steenhout, 1993, 297 pages.

Marianne Williamson est considérée par plusieurs comme l'ambassadrice par excellence d'un enseignement spirituel majeur de notre époque : *Un Cours sur les miracles*.

Le Cours démontre que nos difficultés proviennent principalement de notre vision du monde fondée sur la peur et l'illusion plutôt que sur l'amour et la vérité. Le miracle réside justement en un changement de perception.

**Un retour à l'Amour** nous fait découvrir les principes de base du Cours et ses applications pratiques dans notre vie quotidienne.

♦

Gerald G. Jampolsky et Diane V. Cirincione, **Appels à l'éveil**, traduit de l'anglais par Ivan Steenhout, 1993, 256 pages.

Cet ouvrage vise à nous « éveiller » au pouvoir de l'Amour qui dort en chacun de nous et que d'innombrables pensées de peur occultent bien souvent.

Sous forme de méditations, d'affirmations quotidiennes, ces **Appels à l'éveil** constituent autant d'invitations à retrouver la paix, l'unité, l'équilibre au fond de nous et à se rappeler que peu importe la question, l'Amour est toujours la réponse.

L'enseignement spirituel du D^r Jampolsky et de Diane Cirincione, conférenciers et auteurs bien connus, est basé sur les principes du *Cours sur les miracles*.

Louise L. Hay, **Ce pouvoir en vous**, traduit de l'anglais par G. Blattmann, 1993, 230 pages.

Louise L. Hay s'est imposée comme un chef de file dans le domaine de la croissance personnelle. Avec **Ce pouvoir en vous**, elle aborde les thèmes qui lui sont chers et nous amène graduellement à la découverte de notre sagesse intérieure.

Cet ouvrage nous aidera à reconnaître et utiliser ce pouvoir en nous. Un pouvoir assez grand pour abolir toutes les résistances à l'AMOUR DE SOI. La façon d'y parvenir nous est démontrée clairement, en ne négligeant aucun aspect de la démarche : de la prise de conscience de nos paroles, pensées, émotions, en passant par l'identification et l'élimination de nos vieux schémas mentaux, jusqu'à l'expression de nos émotions et finalement l'accession à notre sagesse intérieure.

◆

Louise L. Hay, **Les Pensées du cœur**, *un trésor de sagesse intérieure*, traduit de l'anglais par Ivan Steenhout, 1992, 256 pages.

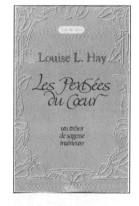

**Les Pensées du cœur** est un recueil de méditations, de thérapies spirituelles et d'extraits de conférences de Louise L. Hay. Il traite avec sagesse et philosophie d'une foule de sujets de la vie quotidienne. Il est constitué de pensées ou d'affirmations que viennent compléter et développer un commentaire, une réflexion, le tout suivant l'ordre alphabétique des thèmes abordés.

L'auteure nous invite à reconsidérer nos croyances, nos comportements, et au besoin à les changer. Sa connaissance et ses observations perspicaces et pleines d'amour nous donnent l'habileté d'opérer des choix qui enrichiront notre vie et nous permettront vraiment de croître au plan spirituel.

Monique Beauregard, **Émerger de la nuit,** 1993, 157 pages.

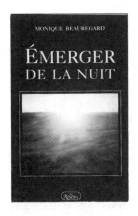

En cette fin de cycle, que chacun pressent intérieurement, et que de nombreux bouleversements viennent confirmer, l'émergence d'une «conscience nouvelle» apparaît désormais nécessaire.

Monique Beauregard définit en quoi consiste cette conscience nouvelle et ce qu'elle exigera de l'être humain. Celui-ci devra compter de plus en plus sur sa propre lumière intérieure, sur son aspect divin, universel, sur son Intelligence Réelle pour avancer dans cette ère nouvelle. Un changement profond doit s'opérer en lui pour que l'inconscience, l'ignorance et l'illusion qui l'habitent aujourd'hui puissent enfin être mises à découvert.

**Émerger de la nuit** constitue un outil précieux pour quiconque s'interroge sur cette période de transition.

Suzanne Harvey, **La Liberté intérieure**, *un auto-enseignement,* 1992, 204 pages.

Cet ouvrage, qui relève à la fois de la psychologie du Nouvel Âge, de la psychologie humaniste et existentialiste ainsi que de la spiritualité, nous invite à une réflexion sur les grands thèmes qui nous préoccupent tous : l'amour, le temps, la vie intérieure, le bonheur, la conscience, etc.

L'auteure prône avant tout une ouverture à soi, un état de réceptivité tel, qu'il ne peut qu'engendrer une transformation radicale de notre quotidien. Par le biais de l'auto-enseignement, elle nous invite à être fidèle à notre propre Maître intérieur, afin d'y puiser la sagesse qui nous aidera à réaliser notre individualité.

Viviane Luc, **Aujourd'hui le paradis**, 1992, 326 pages. *Comment retrouver le sens spirituel de la Nature et des choses de la Vie.*

**Aujourd'hui le paradis** est avant tout le fruit d'une démarche personnelle de l'auteure où le quotidien revêt une dimension spirituelle. C'est à une véritable réconciliation avec la Nature, avec la Vie, à laquelle Viviane Luc nous convie.

Il sera notamment question des énergies du jour, de la nuit, de l'harmonie avec les quatre éléments (eau-terre-feu-air), des multiples pratiques naturelles de régénération (à la montagne, en forêt, à la mer, par la marche, etc.), de l'établissement d'un environnement guérisseur (habitat, décoration, musique, couleurs, etc.). En somme, un tour d'horizon complet des multiples possibilités de coopération harmonieuse entre l'Homme et tous les éléments de la Nature.

◆

Ernest Aeppli, **Les Rêves et leur interprétation**, 1993, 308 pages.

Ernest Aeppli, docteur en psychologie et psychothérapeute, apporte dans cet ouvrage sur les rêves une mise au point remarquablement claire et précise de ce que la science actuelle sait de ce phénomène.

En effet, si la plupart des hommes ont des rêves, bien peu en connaissent le sens ; ce livre, qui n'a rien des petits dictionnaires ou clés des songes simplifiant à l'extrême, se donne pour tâche d'approcher l'essence du rêve et d'en donner une interprétation féconde pour chacun.

DANS LA COLLECTION L'ART DE VIVRE :

Georges BARBARIN
**Le Livre de chevet**, 1984, 180 pages
Véritable guide pour vos méditations, **Le Livre de chevet** vous apprendra à envisager les différentes épreuves de la vie de façon positive.

**La Nouvelle Clé**, 1986, 139 pages
**La Nouvelle Clé** permet de déchiffrer le message d'amour et de fraternité laissé par les plus anciennes civilisations, y compris les enseignements du Christ.

**L'Optimisme créateur**, 1986, 147 pages
Un programme en 12 leçons, au terme duquel notre vision de nous-mêmes et du monde aura irrémédiablement changé.

**Je et Moi**, 1991, 155 pages
Cet ouvrage s'attarde à cerner la distinction fondamentale qui existe entre le Je et le Moi, entre le réel et l'apparence, entre l'individualité et la personnalité.

Gerald G. JAMPOLSKY
**N'enseignez que l'amour**, 1990, 181 pages
Le célèbre psychiatre américain, fondateur du Centre de Guérison des Attitudes, nous montre que la création d'un monde d'amour et de paix est désormais une réalité pour plusieurs individus.

Harold S. KUSHNER
**Le désir infini de trouver un sens à la vie**, 1987, 151 pages
À partir de ses expériences, mais aussi des écrits de Piaget et de Jung, du *Faust* de Goethe, et surtout du livre de l'Ecclésiaste, un rabbin d'une cinquantaine d'années tente de répondre à la question fondamentale du sens de la vie.

Orison Swett MARDEN

**Les Miracles de la pensée**, 1984, 212 pages

Cet ouvrage nous enseigne à concentrer efforts, actions et pensées dans le but de changer nos aspirations en réalisations.

**Le Visage du bonheur**, 1985, 218 pages

Ce livre nous invite à adopter une attitude qui soit le reflet du bonheur auquel nous aspirons tous et témoigne de la foi communicative de l'auteur qui n'a cessé de s'affirmer au cours des années.

**La Joie de vivre**, 1986, 232 pages

Marden nous invite ici à ne plus chercher ailleurs qu'en nous-mêmes et dans le moment présent le secret du bonheur.

**Le Succès par la volonté**, 1986, 197 pages

À l'aide de nombreux exemples de gens connus, l'auteur nous démontre comment une attitude dynamique et déterminée conduit à la réussite.

K.O. SCHMIDT

**Un nouvel art de vivre, tome I**, 1987, 442 pages
**Un nouvel art de vivre, tome II**, 1987, 381 pages

**Un nouvel art de vivre** est un ouvrage pratique sur l'art de la maîtrise de soi et du destin. Divisé en deux semestres, ce cours d'une durée d'un an traite d'hygiène physique, intellectuelle et spirituelle.

**Nous vivons plus d'une fois**, 1990, 206 pages

À travers de multiples exemples concrets, le point de vue de l'auteur sur la question de l'existence de l'âme humaine avant la naissance et de sa survivance après la mort.

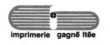

imprimerie gagné ltée

IMPRIMÉ AU CANADA